ゴルフは寄せとパットから考える

今田竜二

日経プレミアシリーズ

はじめに

僕はゴルフが好きで好きでたまらない。それはゴルフを始めた子供のときから今もまったく変わりません。

広島県の三原市という田舎に生まれ、8歳のとき、父の練習に一緒についていったのがゴルフとの出会いです。見ているだけのはずが、気がつくとボールを打っていました。そのときから打ち下ろしの小さな練習場が僕の遊び場になったのです。野球もしていましたが、1人でするゴルフのほうが合っていたのかもしれません。1人遊びの好きな子供だったのです。

半年後、大人たちに混じってゴルフコースでプレーしました。なぜか大人たちに負けたことがとても悔しかった。それから本気で練習するようになりました。飛距離では遠く及ばない。ならばアプローチで勝ってやるとアプローチの練習を日が暮れるまでやりました。平日は学校を終えてから、休みの日は朝から練習。昼ご飯を食べるのも忘れてバンカーに入りっぱなしだったこともあります。これほどの負けず嫌いとは自分でも思わなかった。でもそれはゴルフの虜になってしまったからかもしれませんね。

ゴルフを始めてから1年後に70台であがれるようになりました。セミプロ級の大人と回ってもよい勝負ができるようになったのです。僕の頭の中はもうゴルフのことで一杯でした。小学5年生の春、マスターズをテレビで見たのです。信じられないほどの美しいコース、そこに46歳のニクラウスが奇跡のようなプレーをして優勝しました。僕はもの凄く感激して、将来をそのときに決めてしまったのです。アメリカでプロになって試合に出場するのだと。

それを小学校の卒業文集に書きました。中学に入ってからその夢を実現するためにアメリカに留学することを思いつきました。来る日も来る日も父に話し、とうとう反対する父を説得してアメリカに1人で渡ったのです。中学3年の5月、フロリダにあるゴルフアカデミーに入りました。

午後3時までは学校。戻ってきて18ホールを回る。ゴルフに没頭できる素晴らしい環境で、僕はどんどん上達しました。アカデミーのコーチ、リチャード・エイブルが僕をつきっきりで指導してくれ、僕の長所を伸ばしてくれました。タイガー・ウッズとも優勝争いを何度もし、全米のジュニア大会に次々と優勝。僕はタイガーに次ぐ選手と言われ、19歳のときに全米最優秀ジュニアにも選ばれたのです。

ジョージア大学に進学したあとも、大学2年のときに全米大学ゴルフ選手権に団体優勝し、個人戦でもルーク・ドナルドに次ぐ2位となりました。これを機に大学を中退してプロに転向。22

歳のときでした。

僕は自信満々でした。プロデビューはPGAツアーの下部組織であるネーションワイドツアー（当時はバイドットコムツアー）です。１７０㎝と体は小さかったけど、その頃はボールが凄く飛んでいました。怖いものは何もなかったし、切れのある体で思い切りよく振っていました。アプローチとパットもよかったので、すぐにPGAツアーに上がれると思っていました。実際にすぐに優勝も挙げることができたのです。

しかし、PGAツアーに上がれるのはシーズンを通じた成績で賞金ランクが15位以内。アマチュア時代と違って生活がかかっているから誰もが死に物狂いで戦います。全米中を飛行機とレンタカーで移動するわけですが、一日15時間も運転することがありました。最初の'00年が34位、'01年が32位、'02年は腰を痛めて１０５位に転落してしまったのです。このときはさすがにPGAツアーは夢のまま終わるのかもしれないと思いました。

しかし、このときにコーチのリチャードが支えてくれたのです。朝起きて顔を洗いに行くと、洗面台に「今日も頑張ろう！」といった励ましの言葉が紙に書かれて貼ってありました。それも毎日違う言葉で。僕は彼の支えでようやく'04年に困難を乗り越えられました。賞金ランク３位となり、晴れてPGAツアーの出場権を得ることができたのです。

とはいえ、それからがプロとしての本当のスタートです。世界最高峰のPGAツアーは、コースセッティングが非常に厳しく、実力者揃い。しかももの凄い飛ばし屋ばかりです。僕のほうは腰を痛めて以来、飛距離がガクッと落ちてしまっていました。だからこそ余計に飛ばそうとしてショットを狂わしました。しかし、なんとかシード権だけは確保できていたのです。

そんな僕を救ってくれたのはまたしてもリチャードでした。「飛ばしにこだわらずに、得意なアプローチとパットで勝負しよう！」と言ってくれたのです。この言葉で吹っ切れてから、僕の成績はよくなっていきました。最初の'05年にも15位とよかった全米オープンで'06年は12位となり、'07年になるといろいろな大会で優勝争いもできるようになってきました。

そして'08年、ビュイックインビテーショナルでタイガーに次ぐ2位となりました。タイガーとのワンツーフィニッシュはアマチュアのとき以来15年ぶり。好調を持続していた僕は5月のAT&Tクラシックで、ペニー・ケリーとのプレーオフを制して優勝することができたのです。

14歳で単身アメリカに渡ってから17年目、プロに転向して9年目。ようやく僕の子供の頃からの夢が叶った初優勝でした。青木功さん、丸山茂樹さんに次ぐ、日本人として3人目のPGAツアー優勝。賞金ランクも13位でシーズンを終えることができたのです。

'09年は念願のマスターズにも初めて出場でき、20位タイの好成績を挙げることができました。

『書斎のゴルフ』から連載の依頼もあり、14歳のときからアメリカで培ってきたゴルフについて日本のゴルフファンの皆さんにお話しできることになったのです。僕はPGAツアーで活躍し続けるのが使命と思っていますので、日本に行く機会は少ないけれど、僕のようなゴルフに取り憑かれた人間の話がこのように1冊にまとまって読んでもらえるのは本当に嬉しいことです。

成績はマスターズ以降、パットの不調やショットの不調などもあり、さらには肋骨にひびが入っていたりと、なかなか好成績が挙げられないでいます。応援してくださる日本の皆さんになんとか活躍振りを見てもらいたいと毎日精一杯の努力はしているのですが、好調の波が続きません。でも「練習は自分を決して裏切らない」と信じて、さらなる努力をしていきたいと思っています。'11年の秋には子供も生まれましたし、気持ちを新たにして頑張る所存です。この『ゴルフは寄せとパットから考える』を読んでいただいて、自分のゴルフの上達に役立ててもらえたら幸いですし、僕自身もこの本で自分のゴルフを振り返って'08年の好調時に戻したいと思っています。これからも今田竜二を応援していただけることを願っております。

２０１２年10月

今田竜二

目次

構成／『書斎のゴルフ』編集部
取材・写真／田辺安啓
文／本條強
編集／（株）オフィスダイナマイト
本文デザイン／ヤマダジムショ
協力／T&Kインターナショナル

第1章

今田竜二のショートゲームを学ぼう！

HITACHI

PART 1

世界一流の寄せワン技巧

「ロブウェッジでどんなところからも寄せて、ワンパットで入れちゃいます！」

170cm、66kgの今田竜二プロがゴツい外国選手の中で堂々と戦えるのは、ショートゲームの巧みさにある。

ロフト61度のロブウェッジ1本でどんな状況からも寄せてしまう。パットも上手いから、ナイスパーセーブで流れを自分に引き寄せる。

ピンチをチャンスに変える驚異の寄せワン。

凌ぎを削るUSツアーで生き残る術がここにある。

――ここからは寄せられないだろう。誰もがそう思う状況下からでも寄せてくる。「今田ゴルフの真骨頂ここにあり！」というアプローチは、誰もを驚愕させ、溜息さえつかせるほどです。

今田●いえいえ、そんなに誉めてもらうと困ってしまいます(笑)。ドライバーがもっと飛んで正確で、アイアンショットが冴えていれば、アプローチなんてしなくて済むのですから。毎ホール、喘ぎながら寄せていますよ。

――しかし、USツアーの舞台となるトーナメントでは、グリーンが硬くて速いし、ラフもきつい、ピンの位置も際どいところにありますから、世界の一流プロでもそうそう簡単に寄せられるものじゃない。クレバーな状況判断と絶妙の感覚がなければ不可能でしょう。

今田●子供の頃からアプローチが好きで、今でもそうなんです。どうやったらこの状況で寄せられるのか。発想を豊かにして、楽しんでトライしています。もちろん、寄らなければすぐに予選落ちの憂き目にあってしまいますので真剣ですが、アプローチはイマジネーションと技術が勝負なところが僕向きです。筋力勝負では外国選手にはとてもかなわないので。

――'09年のシーズンは100ヤードから125ヤードのアプローチにおいて（USツアー選手の中で）第3位にランクされています(6月現在)。マスターズでもガラスのグリーンに絶妙の寄せを披露して、予選カットとなるかもしれない2日目の18番ホールでのバンカーショットでも見事に寄せて、決勝進出を果たしました。４日間闘って20位タイは立派でした。
今田●もう少しスコアを縮めておけば、翌年の出場権が自動的に手に入ったのにと思うと残念です。まあ、僕らしいといえば僕らしいけど、常にもう少しですね。
——でも、そのもう少しを少しずつ縮めて優勝も果たしました。ＵＳツアーという茨の道を敢えて選んで、夢を達成する。そこに多くの人が感動し、憧れを抱いています。
今田●確かにＵＳツアーで戦うのは大変ですけど、大変なのが楽しいのですから。マスターズは本当に大変だったけど、楽しかった。
——マスターズのあの18番のバンカーショットはどんなことを考えて打ったのですか？
今田●２打目を打ったときにはグリーンをとらえたと思っていたのです。というのは右からのフォローウィンドだと思っていて、右に２ｍ打ち出せたので悪いショットではなかったんです。でも暗くて落下が見えなかった。グリーンそばまで行ってみると、バンカーに入っているじゃないですか。実は風が左からのフォローだったんですね。
——そうなんですか？　フェアウェイとグリーン上で風が違うこともあるホールなんですね。確かに右に外す選手も多かったです。
今田●僕は初めての出場でしたからね。でもとにかくこの状況を見て、「あーっ、終わった」って思いました。ピンの位置も最悪でバンカーのライもよくない。これは寄らないなと思ってグリーンをよく見ると、スロープを発見したんです。こうしたスロープを使う打ち方を練習ラウンドのときにやっていたのでトライしました。なんとか2mに寄って、あとはパット。これ以上ないと思うほど集中して、カップにねじ込みました。

——優勝したときぐらい嬉しいパットだったですか？

今田●僕の喜び方を見たらわかりますよね。あと2日も憧れのオーガスタで戦える。嬉しくないわけないですよ。

打つ前にしっかりとライを確認する

——では、そんな今田プロを支えるショートゲームについてご本人から直にいろいろなことをお聞きしたいと思います。まずはアプローチから。アプローチで最も大切なことはどんなことでしょうか？

今田●皆さんはすぐに打ち方を教えて欲しいと言われるのですが、その前に状況をしっかりと把握して判断することが大切です。まずはボールのライ。フェアウェイなのか、ラフなのか、ラフでもどれくらいボールが沈んでいるのか。芝は純目か逆目か。ディボットかベアグラウンドか。芝の密度は薄いのかまばらなのか、芝が長くて沈んではいないか。傾斜はどうか。アップヒルかダウンヒルか、つま先上がりか下がりか。複合の傾斜なのか。傾斜は目でチェックすることはもちろんですが、騙されやすいので、足の裏で感じることも大切です。こういう様々なことで、どう打つかはすべて変わりますね。

――ピンまでの距離によっても違いますよね。それもボールからエッジまでと、エッジからピンまでの、2つの距離を考えなければなりませんよね。

今田●もちろんです。皆さんの中にはピンまでの距離だけを知って闇雲にポーンと打ってしまう人がいる。それでオーバーしたり、エッジ手前の芝に食われてショートしたりといったことがあるでしょう。エッジまでの距離とエッジからの距離を知れば、自ずとどんなボールを打てば最も寄るかがわかります。また転がりやバックスピンのことを考えれば、バックエッジまでの距離もしっかりと把握する必要があります。寄せることも大事ですが、グリーンに届かなかったりこぼしては、グリーンに乗せるというアプローチの最低限の目標がクリアできません。これでは大失敗です。

――ということは、ファーストバウンドはグリーン面に落とす必要がありますね。

今田●僕はそれを大前提に考えています。というのも、グリーンの手前にファーストバウンドさせてはボールが予想外の跳ね方をすることがあるからです。確実に、しかも安全に寄せるにはグリーン上にキャリーを運びます。

――アプローチは転がしが安全だとよく言われますが、今田プロは状況に応じて上げたり転がしたりしますね。

今田●一番寄る確率の高いやり方を選ぶのでいろいろですね。転がしはエッジを越えたすぐのポイントに落とせばいいので落とすだけなら楽なのですが、グリーンが大きくて速くてうねっている場合はどう転がるかわかりません。このような場合はボールにスピンをかけて上げ、ピンの根本に落として止めるほうが寄りやすいですよね。

――そういう意味ではグリーンにもただ乗ればいいということはなくて、難しいロングパットをするぐらいなら、かえってグリーンに乗らないほうがパーがとりやすいということもありますよね。パットよりもアプローチのほうが楽なケースはUSツアーでは多いかもしれませんね。そして、今田プロのアプローチを見ていると、転がすにしても上げるにしてもほとんどロブウェッジを使いますね。

今田●ロブウェッジが好きなんですね。今はフォーティーンのロブウェッジを使っていますが、その頃はボブ・ボーケイさんがデザインしたロブウェッジを使っていました。僕用に削ってもらったもので、ロフトは61度ありました。バンスは真っ直ぐ構えると5度と小さくてフェアウェイで使いやすく、フェースを開くと12度になるので、ラフでもバンカーでも有効です。しかもフェースを開いても歯が浮かないように削ってもらっているので、フェアウェイからのロブショットも打ちやすい。上げてもよし、転がしてもよしの僕の武器でした。

――ロブウェッジ1本でどれくらいのアプローチをカバーしますか？

今田●もうほとんどです。95％と言ってもいいですね。ボールの位置によってロブショットにも、ピッチ＆ランやチップショットにもできます。ボールを右足に寄せれば、ロフトが8番アイアンと同じくらいになりますので、低いボールで転がしもできますからね。

基本の打ち方からマスターしよう

――では、例えば花道などよいライではどんな打ち方をしますか？

今田●これが基本の打ち方になりますが、ピンの位置が手前でなく、ある程度転がせるのであれば、高く上げて止める打ち方はしません。ボール位置は右足つま先前にしてややオープンスタンスにし、クラブを短く持ち、グリップ位置を左太ももの内側にするハンドファーストで構えます。そして、左足に体重をかけて、体重移動しないで打ちます。腕とクラブの角度を変えずに打ちます。肩と腕と手でできる三角形を崩さずに打つと言ってもいいですね。そうするには上体をしっかりと回転して打つということになります。フィニッシュではお腹が目標に向くように打つことです。インパクト後に右腰を目標にグイッと回します。

――我々アマチュアはアプローチになると、手だけで打ってしまってミスを犯すことが多いです。

今田●アプローチはスイングの小さなものです。フルスイングをするように体を使うつもりで、小さなスイングをします。ですから、アドレスでもきちんと腰を入れて、体重も地面にしっかりとかけます。緩んではだめです。これはパターでも一緒ですよ。

――そう思うと我々アマチュアの多くは、パターでは本当に緩んだアドレスをしていますね。

今田●それではたった1mでも入りませんよ。アドレスはすべての基本の基本ですから、アプローチでもパッティングでもしっかり構えるようにすることです。

――ただフルスイングと違って、アプローチでは左足体重に構えて、そのまま動かさずに打つのですね。

今田●そうです。細かく言えば左足の内側に体重を乗せて、それを変えずに打ちます。両肩のラインを地面と平行に回すイメージで打ちます。体の周りを肩と腕が回る感じです。フォロースルーではヘッドを目標に低く出すつもりで打ちます。

――ヘッドには地面よりもボールが先に当たるわけですね。

今田●いい質問ですね(笑)。地面が先に当たってはダフリショットですからね。アイアンショットと同じで、ボールに当たってからボールの先の地面を打つ。ターフが取れたとすればそうなります。スイングの最下点でボールを捉えようとしないこと。そのためにボール位置を右足寄りにして、ハンドファーストに構えたわけですから。ボールの位置が真ん中にあるとダフりやすいので注意して欲しいです。

――それも、上げようとしては大きなミスを招きますよね。

今田●そうなんです。皆さんはロブウェッジはボールが上がるクラブなので、自分でも上げようとしてしまいます。それが大間違い。クラブが上げてくれるわけですから、低く打てばいいわけです。特に転がそうと思っていれば尚さらです。自分から上げようとしたら必ずミスが起きます。

――上げて寄せたいときでも自分から上げる打ち方はしないということですね。

今田●ピンが手前にあって、上げて止めたいときには、フェースを開いてボール位置を中央にします。そこでも上げようとせず、ヘッドを払うように打ちます。ポイントはヘッドを返さないということ。フェースを上に向けたまま打ちます。

――この打ち方も今田プロは上手ですね。あくまで、自分から上げにいかないことが大切なのですね。では、ラフではどうですか?

今田●ボールが浮いている場合と沈んでいる場合によって変わりますね。浮いていればあまり気にすることはないですが、沈んでいたら、スピンがかかりにくいので、直接グリーンに落としては転がって寄らないなと判断したら、グリーンの手前に落とします。アドレスや打ち方はいいライのときと変わりませんが、ボールは思ったよりも飛ばないので振り幅は大きくなります。グリップもしっかりと握ってください。こうしてゆっくりと上げてダウンスイングでヘッドを加速させるようにするとスピンが効いて、思ったよりも転がることがないと思います。

――ダウンスイングで力を抜かないことが大切ですね。

今田●そうです。またボールが深く埋まっている場合は、ボールだけを打とうとしてもできないので、ボールの手前の芝ごと打つイメージが大切です。フェースを開いて、バンカーショットのように打てば上手く脱出できます。ただ、ボールは転がりますので、それを計算に入れて落としどころを決めなくてはいけませんね。

――これまでの話はロブウェッジを使う状況ですよね。では、今田プロがロブウェッジを使わないのはどんなときでしょうか？

今田●まずは距離があるときですよね。ウェッジはロフト61度のロブウェッジの他に、49度のピッチングウェッジと53度のギャップウェッジ（アプローチウェッジ）を入れていて、80ヤード以上あるときはこれらのウェッジを使います。でも80ヤード以内ではほとんどロブウェッジを使いますね。ピンまで80ヤードあればロブウェッジでフルショットします。60ヤードならスリークォーター、40ヤードはハーフショットですね。その中間はクラブを持つ長さで調節することが多いです。振り幅で調節しようとしても難しく、ミスも起きやすいですからね。

――グリーン周りでロブウェッジ以外を使うことは？

今田●転がしたほうがいいと思うときですね。打ち方はピッチングでもギャップウェッジでもロブウェッジの転がしと同じですが、低くコツンと打ちます。でも転がしでも、僕の場合はロブウェッジを使うのでほとんどありませんね。

――チップインは狙いますか？

今田●アプローチは寄せることが第一なので狙うにしても限界がありますね。もちろんショートしては入らないわけですけど、強過ぎても入りません。強く打てば入ると思っているとしたら、それは違いますね。ジャストタッチしなければなりません。ですから、本当に入れにいかなきゃいけないときでも強くは打ちません。入れたいけど、OKになるようにピンに付けるという感じです。

――確かに。他にロブウェッジを使わないという状況はありますか？

今田●砲台グリーンで寄せる場合ですね。直接グリーン面に打っては寄りにくいので、9番アイアンやピッチングウェッジでワンクッション入れて寄せることもあります。クッションさせるポイントに確実に当てられるように打つこと。またある程度強さも必要です。ボールが高く上がってしまったら大オーバーになるので、注意して打つことです。

――ベアグラウンドやディボット跡の場合はどうしますか？

今田●ベアグラウンドではロブウェッジのヒールを浮かしてトウで打ちます。ボール位置は右にしてコックを使わずにパターのように近くに立って打ちます。これは意外と上手くいきますよ。ディボット跡の場合はディボット穴にロブウェッジのヘッドごと入れて構えます。フェースを被せてコックを使って上から鋭角的にクラブを振り下ろしますね。

――ウッドやパターを使って寄せることはありますか？

今田●どうしてもそうしないと寄らない場合は使いますが、ほとんどありません。もしウッドを使う状況があったとしたら、僕はロブウェッジの歯で打って転がします。パターも同じですね。

パターで打つならロブウェッジの歯で打ちます。

――本当にロブウェッジが好きなんですね(笑)。

今田●自分の手と一緒で何でもやれてしまうんです(笑)。アマチュアの皆さんも僕と同じで好きなクラブを作るといいと思います。打ち方は同じでいろいろなクラブを使うほうがいいと言う人もいますが、僕はアプローチではこのクラブを持てばなんとかなるという愛着の湧くクラブが必要だと思います。ギャップウェッジでもサンドウェッジでも何でもいいです。これで寄せられると思えば自信になりますよ。

アプローチ練習場で遊びながら覚える

――では、アプローチが上手くなるためにどんな練習をしたらよいでしょうか? 今田プロはどうですか?

今田●アプローチ練習場で、とにかくいろいろなところから打ちましたね。アメリカのコースは本当にアプローチの練習を楽しめる練習場がありますからね。上り下りのライ。浮いているライ、沈んでいるライ。バンカーの端っこからとか、ここからは寄らないなというところからもなんとか寄せようと遊びながらやりましたね。こうして頭の中に状況と打ち方をどんどんとインプットしました。そして、寄せるということだけでなく、この状況では寄らないという限界も知りましたね。これがとても大切なんです。

――凄いひと言ですね。我々アマチュアは技量もないのに、寄せることばかり考えてしまいます。しかし、自分の技量を知って、寄らない状況を把握することが大切なのですね。それがわかれば、寄らないところには打たなくなりますものね。

今田●そうなんです！　寄せることばかり考えてもダメなんです。寄らないことがわかればプレーが組み立てられます。ゴルフは何事もそうですが、自分の限界を知ること。それがスコアメイクに繋がります。

――ならば、我々は、今田プロのインプットされた状況と打ち方を教えていただいたので、まずはそれを試してみることが大切ですね。それで今田プロには可能であっても自分には不可能なことを知る。自分の限界を知ることもできますね。

今田●僕ができることは皆さんもできると思いますよ(笑)。でも、まずはいいライからは確実に寄せられるようになって欲しいですね。それと、僕のようにロブウェッジと限らず、いろいろなクラブでいろいろなライから打ってみて欲しいです。僕の言ったことを鵜呑みにせずに自分なりに工夫をして欲しい。

——試してみないでわかったつもりになってもできませんからね(笑)。

今田●そうです。ロブウェッジやサンドウェッジでは寄せにくいということであれば、ギャップウェッジでも構いません。花道のいいライ、ラフなど、アプローチ練習場でとにかくいろいろなところから打ってみたらいいと思います。で、このときに大切なことがあります。ボールからエッジまでの距離と、エッジからピンまでの距離をしっかりと把握して、落とすポイントをきちんと決めて、そこに落ちたかどうかを確認して欲しいのです。

——なるほど。言われてみればその通りですが、我々下手くそは、寄ったか寄らなかったという結果ばかりで、落としたいポイントにきちんと打ったボールが落ちているかを確認してませんね。

今田●それでは寄ったとしても偶然じゃないですか(笑)。ここに落としたら寄るはずだというポイントを決めて、そこにイメージ通りに打てたら、そのあと寄るかどうかはボール次第。そういう練習をしなければいけません。

——そうですね。ランはグリーンによって変わってしまうけど、キャリーは変わりませんからね。これをいつでも同じように打てるようにしなければなりませんね。で、そうした練習はアプローチ練習場と言われましたが、ゴルフレンジでアプローチ練習をしても意味がないのでしょうか?

今田●そうですね。マットの上からだとクラブが弾かれたりするので練習にならないと思いますが、やらないよりはやったほうがいいです。その場合は2階席や3階席ではなくて、1階席がいいです。打席と目標が同じ高さでないとイメージが作れませんので。1階席で目標に向かって高い球や低い球などいろいろなボールを打ってみたらいいと思います。

――今田プロの場合、練習ラウンドで入念にアプローチの練習をしているのを目撃しますが、単にアプローチの基本だけを行う練習はしますか？

今田●アプローチ練習場がよいコースであればやりますけど、基本練習はあまり好きではないので、いろいろなライから練習してしまいますね。オフもラウンドしながらコース上で出くわすいろいろな状況に挑戦するのが好きなのでコースに出てしまいます。練習ラウンドではどこに外しても寄るか、どこならば寄らないかなど状況を確認しながらアプローチを実践します。また、ラフの状況など、芝をチェックしてどんなアプローチショットならば寄るかなどいろいろと試します。芝に慣れると言ったほうがいいかもしれません。

――マスターズでの練習ラウンドでは、どんなことをアプローチでは確認したのですか？

今田●先程話したこととあまり変わりませんが、ピンの位置によってどこへ外すのが一番いいか、どの位置には絶対に外してはいけないか。外してはいけない場所がわかったら、そこからは練習しません。外したらいけない場所がわかれば、セカンドショット、ティショットと、どこへ打ったらよいかという戦略が立てられます。そしてまたティショットからここに打って、セカンドもここへ打つと考えれば、どこへ外す可能性があるかもわかります。そうしたら、そこからのアプローチを練習すればいい。オーガスタではそういう練習ラウンドを行いましたね。

——なるほど、外すであろうところからだけアプローチの練習をするわけですね。オーガスタではティショット、セカンドと戦略通りに打てましたか？

今田●ティショットは調子がよかったんです。いつもの僕と違ってフェアウェイはほとんど外しませんでしたから。まあ、それもフェアウェイが広かったこともありますけど(笑)。

——となると、予想通りのところに外せたら、寄ると思って打てますか？

今田●寄せられると思っては打てますね。でもいつもそうなるとは限らないので、想定外のところに外すと「うわー、どうしよう」と思ってしまいます(笑)。どちらにしても皆さんも外してはいけないところをしっかりと見極めてプレーを組み立てることが大切だと思います。

——アプローチしやすいとか、今田プロにとって好きな芝とかもありますか？

今田●ベントが好きですね。バミューダは順目か逆目かといった芝目によって凄く変わるので難しいです。逆目の上りのライだと絶対といっていいくらいショートしますし、ダフりやすい。かといって振り抜くとキャリーでオーバーしてしまう。距離感が本当に難しいです。バミューダはスピンもかかりにくいですし、下の地面が砂質ですしね。ベントだとクラブがスムーズに抜けてくれるので距離は合わせやすいです。

——100ヤード以内は1ヤード単位で打ち分けられるのがトッププロだといいますが、今田プロはどうですか？

今田●うーん、やろうとは思っていますけど、ほぼ不可能でしょうね。例えば52ヤードと53ヤードが打ち分けられるかと言われて、52ヤードを打つ場合、この数字を頭に入れて打てると信じて打ちます。なかなか打てるものではないですが、調子がよければきちっと打てますね。そういうときは、1ヤードずつ増やした53ヤードも54ヤードも打ち分けられますね。

——打てる打てないよりも、打てると思って信じて打つということが大切なのですね。

今田●そうです。打てるといっても、ライが思ったものとは違うこともあるし、打った瞬間に風が吹くときもありますし、キックが予想外のときもあります。スピンも予想外のスピンがかかることもある。ですから、できると思っても実際は不可能に近いと思います。

——ロングホールの3打目がしっかりとピンそばに寄せられるというのもスコアメイクには必要だと思いますが、今田プロはどう考えていますか？

今田●僕のように飛ばない人間は特にそうですね。この場合もピンの位置やグリーン周りの状況で変わりますが、例えばバンカー越えでピンが手前にあれば、スライス気味にスピンをかけて上げて止めますし、ピンが奥ならばフック気味の低いボールでワンバウンドかツーバウンドして止まるボールを打ちますね。バックスピンをかけなければならない場合はフェースを開いて打ったりします。ピンが奥なのに、スピンをかけた高いボールでないと寄らないといったこともあるので、経験と感覚が必要ですね。

――いろいろな打ち方を教えてもらいましたが、それでも今田プロにとってはそれぐらいは基本なのですか？　実際はどれぐらいの種類があるのでしょうか？

今田●そうですね。無数にあると言っていいでしょうね。ライの数やピンの位置、グリーンの硬さや速さ、風などの種類と同じだけあると言ってもいいのではないでしょうか。ですから、あくまで僕がお話ししたのは、その基本となるものです。それらをアプローチ練習場で練習しながら、実際のラウンドで出くわすいろいろな状況をすべて記憶に残しながら、身につけていって欲しいと思います。

――そうなると、今田プロのようなアプローチの技量を持つには、我々は死ぬまで頑張ってやっても無理でしょうね(笑)。それは仕方ないとして、最後に今田プロのコーチであるリチャード・

エイブルさんからは、アプローチに関して何かアドバイスをしてもらっているのですか？

今田●アプローチに関してはまったくありませんね。リッチーにはいつもスイングに関してチェックしてもらっています。アプローチは僕が勝手に自分で考えてやっているので、余程調子が悪いときしか僕に言葉をかけませんね。「スティープ（鋭角）に入り過ぎてるんじゃないか」とかね。僕のアプローチは一定したものがないので、リッチーも何を言っていいのかわからないんじゃないですか？　変な打ち方をして寄せたりしますので。今回の始めにお話したように、基本はあるにはあるのですが、実際にコースに出たらというか、試合になると応用ばかりになりますから。基本を持ち込み過ぎても寄りませんので。

――我々アマチュアはコースで基本を持ち込み過ぎますか？

今田●アプローチでは特にそうでしょうね。それにアマチュアの皆さんは基本に縛られすぎだと思います。基本は基本で練習してきたら、コースではすべてを忘れてどうすれば寄せられるかを考えて、それを自分なりに実行すること。マニュアルに縛られてはいけません。それではどうにも対処できないし、第一ゴルフが楽しくないでしょう。自分でイメージしてそれに挑戦するから楽しいんです。僕が話したことはあくまで基本の1つで、練習するもので、実践ではないということ。アプローチではそのことを特に考えて、やってみてください。実践して経験すること。これが最も大切です。

——ありがとうございました。アプローチ練習場で基本を練習したら、実践は自然な発想でトライしたいと思います。次回はバンカーショットについてお聞きしたいと思いますので、こちらもよろしくお願いいたします。

今田●こちらこそ。何でも聞いてくださいね。

PART 2

世界屈指のサンドセーブ

「バンカーショットはロブウェッジのバンスを砂の上で滑らすように打つのがコツです！」

アプローチはゲーム感覚があるから大好きだと言う今田竜二プロ。

バンカーショットも、いろいろなところからいろいろな打ち方を楽しみながら練習したという。

「どうやったら寄せられるか。難しいシチュエーションになるほど楽しさは増しますね」

だからこそ、世界一流のサンドセーブができるようになれたのだろう。

今田プロのバンカーショットの考え方と打ち方を教えてもらい、少しでも上達してみよう。

——今田プロのアプローチショットは世界の選手の中でも指折りだと思います。世界屈指のスクランブラーと言ってもいいと思うのですが、今回はバンカーショットについてお聞きしたいと思っています。

今田●アプローチショットが上手いと言われても、それだけグリーンを外しているということですから、本人からしてみれば照れ臭いというか、自慢できることではありませんね。グリーンに乗らなかった時点で乗っている人よりも負けているわけですし、それをアプローチで何とか凌いでいるというだけのことなんです。優勝するためにはもっともっとショットの精度を上げていかなければいけません。

——とは言っても、アプローチが上手いからこそ、こうやって世界の強豪と渡り合えているわけですよね。

今田●子供の頃からアプローチが好きでしたからね。いろんな状況からいろいろなショットを打って寄せていく。アプローチにはゲーム感覚がありますから、子供にとっては特に楽しかったのかもしれません。

——ショットの飛距離など、パワーでは大人には敵わないですからね。

今田●それもあったでしょうね。アプローチやパターは大人と対等にプレーができましたから。

でもそうしたショートゲームの楽しさが32歳になった今でも続いているということかもしれません。これは寄らないなという難しい状況になればなるほど、何とか寄せようとしてアイデアがたくさん浮かびますから。

——しかし、それは逆にいろいろと寄せる技術がたくさんあるからこそですよね。引き出しがそれだけなければ、アイデアも浮かびませんから。

今田●14歳のときにアメリカに渡りましたが、アプローチ練習場でもコースでも、いろんなところからどうしたら寄るかなと考えて遊びながらやってました。

——それはバンカーショットでも同様ですか？

今田●はい。バンカーショットも大好きで、いろいろなところにボールを置いてどうしたら寄るのか、いろんな打ち方をして試しました。1日中バンカーの中にいたこともあります。

——バンカーでも同じライから同じ打ち方ばかりしていたら飽きてしまうでしょうけど、いろんなところから遊びながらであれば飽きませんよね。

今田●まったくその通りなんです。同じ打ち方ばかりではただの忍耐ゲームになってしまいます。もちろん、基本はしっかりと身につけなければ応用はできませんけれど、基本ばかりでは実際のコースでは対応できなくなってしまいます。

――今でもアプローチ練習場で基本を繰り返してやるってことはあるんですか？

今田●はい。試合会場にあるアプローチ練習場で基本を復習します。絶えず基本をやっておかなければ調子の波ができてしまいますから。そのコースの砂に慣れておくということもあるので必ずやります。また、バンカーショットは好きですけど、調子が悪くなるときもありますので、そういうときはよい感じが戻るまで徹底的に練習しますね。

――オフの間にも基本練習はするんですか？

今田●やりますよ。オフの間はコースに出て練習します。主に調子の悪いところの上達と調子のよいところのキープに重点を置いて練習します。とはいっても基本的にオフは体を休めることを目的にしていますので、２週間のオフがあれば最初の１週間は何もしないで、２週目の月曜か火曜ぐらいから始めます。ラウンドしたり、ボールを打ったり、トレーニングしたり。そのときの調子に合わせて行います。

――試合での練習ラウンドでは、どんなことを目的にバンカーショットを練習しますか？

今田●砂質を確かめます。柔らかいか硬いか。浅いか深いかといったことです。僕は柔らかくてふかふかな深いバンカーが得意ではないので、そういうコースでは入念にバンカーショットを練習します。ふかふかだとクラブがボールの下に深く入ってしまいやすいので距離が合わせづらいんです。

――マスターズでは上手く打っていましたよね。特に予選に通るかどうかの2日目の最後の18番ホールのバンカーショットは見事でした。

今田●オーガスタの砂は見た目よりもギュッと締まった感じなんです。結構下が湿っていて、ライ自体はあまりよくないのですが、ふかふかじゃないので打ちやすい砂でした。とはいってもグリーンが速いので決してやさしくはありませんけれど。2日目の18番のバンカーショットはパート1のアプローチでも話しましたが、ボールが沈んでいて、しかも左足下がりのライで、これは寄らないなあと思いました。しかしよく見るとピンに向かうダウンスロープを発見して、それを使えば寄るかもって思えました。練習ラウンドでそうしたスロープを使って打ったことを思い出してチャレンジしました。何とか2mに寄せられて、パットをねじ込みました。

――大きなサンドセーブでしたね。

今田●練習ラウンドでやったことが実ったショットでした。練習ラウンドではティショットからグリーンまでの攻略ルートを決めますが、そのときにピンを狙えないときにどこに打つかを考えます。それもグリーンを外しても寄せてパーが取りやすいところを必ず見ておきます。バンカーも同様で、このバンカーならばピンに寄せられるというところをチェックしておきます。

――敢えてバンカーに入れようと考えることもありますか？

今田●攻略ルートにバンカーを入れることはありませんが、入ってしまっても大丈夫というバンカーは確認しておきます。ラフに入れるよりもバンカーに入れたほうが寄せやすいということも多いので、そうしたことは頭に入れておきますね。

――ラフよりもバンカーのほうが寄せやすいですか？

今田●ライにもよりますけど、バンカーのほうが距離感を出しやすいことが多いですね。スピンをかけて止めることもやりやすいですし。ラフではスピンはかかりにくいですし、芝が逆目であれば本当に距離感は出しづらいので。

――我々アマチュアもそれぐらいバンカーショットに自信を持たなければいけませんね。

今田●あとで説明しますけど、コツさえわかればバンカーショットは決して難しいショットではありません。バンカーはレーキで砂がならされているので、ラフよりも全然やさしいです。僕のようにコツがわかって1日中砂の中で練習すれば、ピンにピタリと寄せられるようにもなりますよ。

ソールのバンスで砂を掃くように滑らす

――では打ち方を教えてもらおうと思うのですが、その前にバンカーショットで使うクラブはサンドウェッジでいいですか？　今田プロはロブウェッジを使っていますよね。

今田●はい。でも、アマチュアの皆さんはサンドウェッジでいいと思います。僕はロブウェッジが大好きなのでアプローチでもバンカーでもサンドウェッジはほとんど使いません。前回のアプローチのときにもお話ししましたけど、僕はアプローチはバンカーでも95％はロブウェッジを使います。

――ボブ・ボーケイさんが今田プロのために削ったというロブウェッジでしたね。

今田●ボーケイさんはデービス・ラブⅢ世やアダム・スコットといった世界の名手たちのウェッジを作っている名デザイナーですが、彼に作ってもらったウェッジは本当に使いやすくて、自分が思った通りの球が打てました。

――ロブウェッジ以外のウェッジも使っていますよね。

今田●はい。パート1でも話ましたが、ロフトが49度のピッチングウェッジと、53度のギャップウェッジ（アプローチウェッジ）です。サンドウェッジは入れずに、ロフト61度のロブウェッジを入れています。つまりはこのロブウェッジが僕にとってはサンドウェッジでもあるわけです。

――今田プロはそのロブウェッジでいろいろなショットを打つと言われました。

今田●はい。そのボーケイさんが作ってくれたロブウェッジはオフセット（グース）がなくて、真っ直ぐにヘッドを落としたときにスッと構えられるのでラインがとても出しやすいんです。フェースを開いても歯（リーディングエッジ）が浮くことがないので、フェアウェイでもボールが拾いやすい。ボールを上げるにしても柔らかい球やキュキュッと止める球などいろいろと打てます。ボールを右足寄りに置けば8番アイアンのロフトになって転がしも上手くできるロブウェッジなんです。

――バンカーショットではどうですか？

今田●このロブウェッジはフェースを開かずに真っ直ぐに構えるとバンスが5度なのですが、開くと12度になります。バンスとはウェッジのソールの丸みのあるふくらみを言いますが、バンスの角度があればふくらみが大きいということになります。ふくらみが大きければそれだけたくさん砂を弾けますよね。なので僕の場合はバンカーショットではフェースを開いて、バンスのふくらみを大きくして、それで砂を弾いてボールを砂と一緒に出してしまうというわけです。

――エクスプロージョンショットになるというわけですね。

今田●はい。バンカーショットではこのバンスを使って砂を弾いて、その爆発力で出すということが大切です。アマチュアの皆さんの中にはそのことがわからないために脱出できないという人が多いのではありませんか？

——その通りです。自分がやっていることがバンスを使っているかどうかさえわからないわけです。

今田●なるほど。では、まずウェッジのヘッドを手にとって目の前に持って来てください。アドレスのときと同じように、フェースは左を向くように、トウを向こうにヒールを手前になるようにします。そうすると、ソールが丸く下側に膨らんでいることがわかるでしょう。そのふくらみで砂を打つわけです。

——ふくらみですね。

今田●では、クラブを足下に落として、フェースを開いて構えてください。そうすればよりソールの下側のふくらみが出てくるわけですが、その部分で砂の上を滑らせてみてください。クラブを50㎝くらい引いたらダウンスイングして砂に当て、ゆっくりと、短いアプローチをするように左に50㎝くらい動かしてみてください。ソールの下の丸みを使ってズーッとヘッドで砂を掃くように動かすわけです。どうですか、わかりますか？

——ソールを横に動かして砂の上を滑らすわけですね。

今田●そうそう。それがバンカーショットの打ち方なんです。ボールの5㎝ぐらい手前の砂を思い切って打って滑らせれば、それがエクスプロージョンショットになるというわけです。

——なるほど。我々アマチュアはボールの手前5㎝のところを打てと言われると、どうしてもフェースのリーディングエッジを砂に入れてしまいます。それがいけないわけですね。

今田●そうです。アマチュアはリーディングエッジを砂に突き刺すでしょう。それではバンスを使ってはいませんよね。アプローチで言えばチャックリです。ボールは上手く出ません。そうなる原因はまずはフェースを開いていないことにあります。開かないで普通に構えてしまうから、リーディングエッジから突き刺すように打ってしまうんです。

——そうですね。

今田●ですから、まずはフェースを開いてバンスを出すこと。そうすれば突き刺そうと思っても刺せませんから(と言って実際にやってみる)。ほうら、突き刺したくても突き刺せません。砂の上を自然に滑るでしょう。ですから、フェースを開いてバンスを出して、さっきゆっくりやったように砂の上を滑らせる意識で思い切り砂を打つことです。

——フェースはオープンにするとしても、構え方はどうしたらいいでしょう。アドレスもオープンスタンスにするんですよね。

今田●まずはグリップを短く持ちます。アプローチのときよりも短く持ちますね。右手の人差し指がシャフトにかかるぐらいギリギリに短く持ちます。スタンスはオープンスタンスにしますが、ボールを上げて距離を出さないようにするのであれば、思い切って開きます。ボールの位置はそのオープンスタンスでの両足の真ん中です。つまり、打つ本人からしてみれば体の正面になります。それは、他人が真横から見ると左足寄りに見えるかもしれません。そういう位置です。

――自分にとっての真ん中ということですね。

今田●そうです。スタンス幅は広めにして腰を落とします。こうすることでクラブをフラットに入れることができます。自分の意識としてバンカーショットはフラットなスイングのイメージなんです。アドレスで左足体重にして、そのまま体重移動をしないで、早めにコックを使ってフラットに振る。ボールを上げようとか思わないで、上げるのはクラブのロフトがやってくれると信じて振り抜くことです。体を起こしてはいけません。

――フラットなスイングが大切なのですね。今田プロに言われるまで、バンカーショットはクラブを上からドンと砂に入れるのだと思っていました。

今田●それは間違いですね。「上からドン」というのでは、リーディングエッジを突き刺すイメージになってしまうでしょう。そうではなくて、フラットなスイングであれば、バンスを砂の上で滑らせることができるのです。上からドンではダフリやトップが出やすいと思います。

――なるほど。確かにフラットなスイングのイメージだとバンスを砂の上で滑らせて打てる気がします。

今田●そうでしょう。それができればバンカーショットの音が変わります。上からであれば「ドスッ」という鈍い音になるでしょう。しかしバンスで滑らすように打てれば「パンッ」という乾いた音になります。

――今田プロのバンカーショットは本当に「パンッ」っていう音がします。

今田●それがバンスで砂を打っている音なんです。そういう音が出るように練習してみてください。

――砂を薄く取る必要はありますか? 今田プロの「パンッ」という乾いた音は砂を薄く取っているから出るのだと思っていました。

今田●砂を薄く取ろうなんて思う必要はありません。バンスを滑らすように打てれば結果的に深くは掘れませんから、薄く取っているように感じるのだと思います。逆に言えば、上から歯を立てて「ドスッ」と打っているから、薄く取ろうとか考えてしまうわけです。深く掘ってボールが

出ないからそう思うのでしょう。そうしたリーディングエッジで突き刺す打ち方で薄く取ろうとしたらトップばかりが出てしまうと思います。バンスを砂の上で滑らす。そのコツをゆっくり振ってつかんだら、その要領で思い切って砂を打つ。そうすれば「パンッ」という乾いた音とともに、ボールはナイスアウトとなるはずです。

——その音が出れば、ボールも止まりますか？

今田●その通りです。スピンがかかりますからね。

——スピンがしっかりとかかるのも砂を薄く取っているからだと思っていました。

今田●そう見えるんでしょうね。でもそう思ったら本当にトップやホームランが出てしまいますよ。よく、バンカーショットでも綺麗にボールの手前に入れてやるなんて言うでしょう。でも僕はそんなことは考えません。そんなことをしなくてもスピンはかかります。それに綺麗に入れるなんて考えていたら、凄いショットも出るけれど、ミスショットのほうが遙かに多くなってしまいますよ。

——普通に打つだけでスピンはかかりますか？

今田●もちろん。でもボールはスピンのかかりやすいソフトなものでないといけないと思います。僕はタイトリストの『プロV1x』を使っていますが、よく止まってくれます。あの頃はボーケイさんの、今はフォーティーンを使っていますが、そのウェッジの効果もあると思いますね。

状況に応じて、打ち方やクラブを替える

――基本を教えてもらったところで、実戦に入りたいと思うのですが、まずは、硬い砂の場合について教えて欲しいのです。凄く硬い砂の場合、バンスを滑らそうと思っても弾かれてしまってトップになったりするのですが、どうすればいいでしょうか？

今田●砂が凄く硬い場合は、ゆっくりとスイングしてやることです。この場合は「パンッ」という音をさせずに打ちます。ゆっくりとソールを弾かれないように柔らかく振ってやるのです。

――それで上手く打てるのでしょうか？　なんだかマジックのようですが。

今田●フラットに振るのは一緒ですが、柔らかく半分の力で振れば、スピンもかかって距離もちょうどいい感じとなります。砂が硬いときは距離が出ますからね。とにかく砂が硬ければ柔らかく振り、柔らかいときは強めに振るのがバンカーショットのコツです。試してみてください。

――砂質では他にありますか？

今田●そうそう、細かい砂はスピンがかかりやすいです。逆に粗い砂はスピンがかかりにくい。

そうしたことも練習ラウンドではよく確かめて、どれぐらい転がるかをチェックしますね。

――グリーンの芝の種類によってもスピンは変わりますか？

今田●スピンは変わらないと思いますけど、バミューダだと芝の水分が足りないというか、グリーンが砂っぽいので止まりにくいですね。ベントはグリーンが湿っているので止まりやすい。そのあたりも練習ラウンドで感覚をつかみます。

――バンカーショットでもロブウェッジで上げたり転がしたりすると言いましたが、実際にはピンの位置で変わりますよね。

今田●バンカーのアゴの高さも関係します。アゴが低くてピンが奥にある場合は転がすほうが楽ですね。ロブウェッジのフェースをあまり開かず、左足体重のままフォローを低く出します。スタンスはオープンにしますが、ボールの位置はやや右寄りにします。ターゲットに向かってヘッドを出してやる感じです。止める場合はカット気味に打ちますが、真っ直ぐ出すことによってスピン量を減らします。ピンまで距離があれば9番アイアンや8番アイアンを使うこともありますし、ギャップウェッジは使いませんが、ピッチングウェッジも使います。

――ピンが手前ならスピンをかけて止めるわけですね。

今田●手前にあるときはもちろん、アゴが高ければ20ヤードから30ヤードの距離でもスピンをかけて止めることが多いですね。ピンの5ヤード手前に落として1バウンドか2バウンド目で止めるという感じです。

——バックスピンをかけて寄せることもありますか?

今田●ピンよりも奥に打って戻して寄せることを考えるときもありますが、戻り過ぎることが多いのです。1バウンド目か2バウンド目で止まるぐらいのスピンのほうが計算しやすいですね。アプローチでは特にそうで、ピッチングウェッジやギャップウェッジは新しいものをすぐには試合で使いません。100球とか200球とか打って、溝を少し丸くしてスピンがかかり過ぎないようにしてから使います。

——アリソンバンカーのように凄くアゴが高いときはどうすればいいでしょうか? 我々アマチュアはボールが無事に上がって脱出できるかとても心配になりますが。

今田●僕はアゴが高いほうが距離感が出しやすいのでいいですね。このアゴをクリアすればこれだけ飛ぶとわかりやすいので。逆にアゴが全然ないときはどの高さに打とうという目安がないので、距離感を出しにくいですね。そして高いアゴをクリアするには、アドレスでフェースを開いてやや右足体重にして、コックを早めに使うようにして振り抜けばいいです。上げようとして体を起こしてはトップのミスを招きますので、しっかりとボールの下の砂を振り抜くこと。スピンもかかるのでそれも頭に入れておきましょう。

――では、アゴがないような左足下がりのライのときはどうでしょう。

今田●傾斜に逆らわないことが一番です。傾斜に逆らってボールを上げようとすると、トップしたりダフッたりといったミスが出やすくなってしまいます。つまりスピンをかけて止めることは諦めたほうがいいということです。傾斜に逆らわずに左足体重のままフォローを低く出して転がします。ピンが手前のときはグリーンに直接落とさずに転がり分を考えてカラーに落とすとかして対応します。

――目玉のときにはどう対処すればいいでしょうか？

今田●目玉のときにはフェースを被せて打てと言われますが、これは確かに出しやすい打ち方ですが、僕はあまりやりません。フェースを被せて打つとどうしてもボールが転がってしまうので、ボールの手前を打ってインパクトでクラブを止めてお終いにしますが、それでもスピンがかからないのでグリーンオーバーしてしまう危険性があります。僕はどんなに寄せにくい状況でもとにかくグリーンに乗せることを常に考えています。そうすればパーパットが残る。パーを取れるチャンスを残すことが大切なのです。ですから、グリーンに止められないようなフェースを被せて打つ打ち方はほとんどやりません。

――ということは、フェースを開いて打つんですね。

今田●そうです。目玉であってもフェースを開いて打ちますね。この場合、埋まっているボールのさらに下にヘッドを入れることが大切です。そのために腰をいつもよりもグッと下げます。そして、クラブヘッドを「ドッスン!」と深く入れて、砂ごとボールを持っていく感じで打ちます。ヘッドスピードが遅いと砂に負けてしまいますので、いつもよりもヘッドを走らせて打つ意識も必要です。これも練習すればできるようになりますので、ぜひトライしてみて欲しいと思います。目玉も恐くなくなりますよ。

――では、ピンまでの距離が50ヤードくらいある場合はどうでしょう。

今田●この距離をロブウェッジやサンドウェッジで打とうとすると難しくなります。クリーンにボールだけを打つのはリスクが伴うからです。僕の場合はピッチングウェッジでエクスプロージョンします。そのほうが安定した距離感が出ますし、やさしいです。エクスプロージョンなのでフェースを開いて、100ヤード打つつもりで50ヤードを打つわけです。これもアプローチ練習場でやっておけば距離感がつかめます。ロブウェッジのエクスプロージョンの要領で、クラブをピッチングウェッジに替えるだけですから打つのは簡単。距離だけを把握しておけばいいわけです。

――もう少し距離がある場合はどうすればいいでしょうか?

今田●9番アイアンや8番アイアンを使います。この場合もオープンスタンス、オープンフェースにしてエクスプロージョンショットを打ちます。クラブを短く握ってボールの手前を打てばいい。フェースを開けばボールが上がりやすく、やさしく打てます。ランが出るので、これも練習してどれぐらい転がって止まるかを把握しておけばいいでしょう。

バンカーショットでも風を考える

――最後にバンカーショットのルーティンを教えてください。

今田●これまでに話したことを総合的に考えて、クラブを何にしてどんなボールでどこに落とすかを決めます。つまり、ピンの位置やグリーンの硬さや速さ、芝の種類、そして砂質。傾斜や目玉やレーキ跡や窪みといったライの確認も必須です。もちろんアゴの高さも。こうしてどんなボールでどんなスピンをかけて止めるかを考えてクラブを選択します。あとはどこに落とすか。落としどころを決めたらそこに落ちるよう集中して打ちます。

――風も関係ありますか?

今田●もちろんです。フォローかアゲンストか横からかでまったくボールの飛びとスピンが変わってしまいます。セカンドショットでガードバンカーに打ってしまったら、バンカーに行くまでに風の方向をチェックします。歩きながら風向きを調べるのです。

――セカンドショットまでは風が気になりますが、アプローチやバンカーでは気にしたことがありません。

今田●それではいけません。アプローチでもバンカーショットでも風の影響を凄く受けます。パッティングでもそうです。風には常に敏感になっていなければなりません。アゲンストならば止まりやすいですが、フォローでは止まりにくい。それを考えてバンカーショットもどんなショットにするかを選択しなければなりません。それに伴って、ボールの落としどころも考えなければなりませんね。

――風がフォローでグリーンもピンに向かって傾斜しているといったときはどうすればいいのでしょうか？

今田●止められないものを止めようとするとよい結果に繋がりません。止められないならば、グリーンに乗せずに花道から転がすようにするとか考えるといいです。

――状況によっては寄せることを諦めるときもありますか？

今田●ありかます。無理に寄せようとしてバンカーからボールが出なかったり、グリーンオーバーしたりという事態を避けることが肝心です。ボギーを嫌がってダボにするのが最もよくありません。ピンにでも当たらない限り寄らないというときは、ピンを狙わずに安全なほうに出しますね。ピンから離れてもグリーンが受けていて止まってくれるとか、ピンに寄らなくてもどこからのパットが打ちやすいかと次のことを考えて打ちますね。ピンに向かって打ちたい、打ちたいけれど敢えてピンを避けて打つ。そういった勇気というか決断が必要ですね。

――次のパットにチャンスを残すということですね。

今田●そうです。そのバンカーショットでプレーが終わるわけではありません。ピンに寄せることができなくても、グリーンに乗せさえすれば、次のパットで勝負できるわけです。逆に言えば、いくらピンに寄っても、そのパットが難しければパーが取れるとは限りません。距離を残してもカップインしやすいライン上にボールを残せれば、パーになる可能性は非常に多いのです。バンカーに入れたら何でもかんでもピンに寄せようとばかり考えてはいけません。どこに打てば次のパットが入りやすいか、それを第一に考えてからどのようなバンカーショットでそこに打つかを考えていくことなのです。

――なるほど。今田プロの抜群のショートゲームの巧さは技術が上手いというだけでなく、そうしたクレバーな考え方が元になってるのですね。

今田●寄せるのではなく、寄せワンを取れるようにする。それがアプローチのコツですね。

――ありがとうございました。次回はパッティングをお願いします。

今田●ええ。何なりと聞いてください（笑）。

PART 3

生死を決めるパッティング術

「1mのパットを超真剣に打つ！1mをおろそかにする人は、1mに泣くのです」

プロとアマチュアのレベルの差が最もあるのがパッティングだと今田プロは言う。

それほど、アマチュアはパットが下手だというわけである。

その理由は練習をしないから。

家の中でもできるパッティングなのだから、毎日、少しでもいいから、家の中で転がすように習慣づけること。

そうすればあっという間にパーが増えて、スコアがよくなるのだ。

――アプローチとパットの巧みさで、USツアーの並み居る大男たちと互角に戦ってきた今田プロ。3回にわたってお聞きしてきたショートゲームの最後はパッティングです。今田プロにとってパッティングはどんなウエイトを占めていますか？

今田●パッティングの調子はスコアにも順位にも賞金にも本当に影響します。どんなにショットがよくてもパッティングが悪かったら、スコアにはなりません。ショットはそこそこでもパッティングがよければ、上位に入れます。ゴルフで生計を立てているプロならば誰もがそれを知っているので、もの凄く練習します。

――今田プロもパッティングの練習は怠りませんね。

今田●コースにいるときはもちろん、いないときにも練習します。いつでもいいストロークができるように準備は怠りません。それが仕事ですし、パットが入らなければ暮らしていけません。つまりプロである以上、退屈なパッティングの練習をしっかり行います。

――パッティングこそ仕事ですね。楽しみではない。

今田●でも大切なパットを沈められたときはとても嬉しい。ドライバーショットで300ヤードを飛ばすよりも嬉しいでしょう。パットはプレッシャーがかかるし、それを克服してしっかりとストロークできてカップインできたときは、大きな仕事をやれた達成感があります。

――たった1mでもですよね。

今田●もちろんです。優勝がかかった最後のウイニングパットは、たとえ1mでも大変なパットになります。これまでの何万時間の練習がそこに集約されるのですから。

――確かにそうした思いが詰まったパットになりますね。だからこそ、練習するわけですね。'09年の今田プロは優勝した'08年に比べるとややパットが不調でしたか？

今田●ショットは'08年よりもいいと思うんです。それなのに試合でベスト10に一度も入れなかったというのは、大事なパットが入らなかったということだと思うのです。

――USツアーのデータを見ると、パッティングアベレージは'07年が1・740で5位、'08年が1・758で18位、'09年は1・752で36位と、順位は下がっていますが、'08年よりもいい数字です。1ラウンドのパット数を見ても、'07年が28・53で13位、'08年が28・43で10位、'09年が28・35で16位と、パット数は毎年少なくなっています。

今田●自分の感覚としてはここ数年、パットに関しては調子が悪いという感じはないのです。

――USデータを見ると'06年まではよくありません。それ以前にはパットのランキングが100位以下ということもありました。

今田●それだけしっかりと練習してきて、パッティングも上達したということですね。とにかく僕はドライバーは飛ばないし曲がりますから、やはりアプローチとパットが勝負なんです。アプローチは昔から大好きで自信がありましたから、パッティングをよくしようと努力してきました。

――退屈なパッティング練習をしっかりやってきた成果なのですね。

今田●タイガー（・ウッズ）でも誰でも強い人はパットが上手い。パットが下手で強い人なんていません。タイガーだって毎日毎日、コツコツと練習していると思います。

――1ラウンドのパット数を見ると、今田プロは30パットはおろか、29パットも切っていて、今年は28パット前半です。私たちアマチュアは30パットを切れるように言われて必死に頑張りますが、3パット連発で40パットを超えることもあります。それが強烈に速いグリーンで、しかもパーオンすることが多くてロングパットも多い今田プロが28パット台。自分たちがいかに努力してないかということですね。

今田●プロとアマチュアで一番実力が違うのがパッティングでしょうね。アマチュアの皆さんは下手過ぎます。それは練習していないからでしょうね。シングルとかトップアマの人ならば、家の中でも練習していると思います。パット練習はラウンドする日の朝だけという人はスコアは絶対よくなってはいきません。心底、30パットが切れるように努力して欲しいと思います。

――パットは子供でもやれますし、チンパンジーだってできる。そうした簡単で単純なものを我々大人のゴルファーは軽んじているということでしょうね。上手くなりたければ毎日練習するしかありませんね。1円をないがしろにする人は1円に泣く。1mをないがしろにする人は1mに泣くですね。

今田●わかっているじゃないですか。頑張ってください。

——ところで、ここ数年でグッとパッティングの実力をつけて、それも毎年よくなっているとすれば、'08年は優勝もあり、賞金も300万ドルを突破した今田プロが'09年はベスト10が1回もなく、獲得賞金も約70万ドルというのは、やはり、大事なパットが入らなかったからでしょうか?

今田●ショットは昨年よりもいいですからね。やはり自分では、このパットを入れたら流れが変わるといったパットがことごとく外れた感じがありますね。外したらボギーとなる大事なパーパットや、これを入れたら波に乗れるというバーディパット。そうしたパットが入るかどうかは本当に大きいですからね。

——入るかどうかは運もありますか?

今田●運もあるけれど、それを言っていても始まらない。調子の波ができないようにとにかく練習することですね。

——とは言っても、パットの調子は一晩寝たら変わってしまうと言われますよね。

今田●パッティングはそれほど難しいというわけです。ですから、入るか入らないかは結果であって、それには一喜一憂しない。運に左右されても仕方ありません。ですから、自分の中に確固たる基本を身につけて、それがいつでもできるようにすることが大切です。いつも通りの基本ができたパッティングだったかが大切で、それをずっとやり続けるしかないわけです。

――ということは、その日の調子でころころと打ち方を変えるのはよくないわけですね。

今田●そう思います。僕は頑固なので、迷わずに徹底するようにしています。自分の打ち方を疑ったり迷ったらそれで終わりです。

――ならば、去年よりも入らなかったといって悲観していないわけですね。

今田●やるべきことはやっていますから。でも周りはもっと努力しているかもしれません。となれば、自分ももっともっと努力しなければなりません。とにかくコツコツと積み上げないとパットは入るものまで入りませんから。

――今田プロはパターもあまり替えませんよね。

今田●プロになって10年目ですけど、パターはこれまでに4本しか使っていません。T字とかピン型とかのシンプルな型が好きですね。流行のマレット型とかは使いません。自分のストロークに合わない感じがするからです。

――スコッティキャメロンの『ブルズアイ』から、『デルマー3』のセンターシャフトに近いオリジナルにしています。

今田●キャメロンさんに作ってもらったパターなんですが、重さは350gで33インチの長さのものです。重過ぎると微妙なタッチが出ず、軽過ぎると距離が合わせづらくなります。長さは構えたときに両手をだらんと下げたところにグリップが来るのが目安で、それに肘を曲げて構えるタイプかどうかで多少長さが変わると思います。こうして構えたときにパターのソール全体が地面にペタッと接していることも自分にとっては大切なところです。センターシャフトというより、少しヒールシャフトになっています。とにかく構えたときにすべてが真っ直ぐに見える形が好きなのです。

いつも同じアドレスを作り、同じストロークを行う

――では基本を身につけて、それがいつでもできるように練習するという話が出ましたので、その今田プロの基本を教えていただけますか？

今田●まず、いつでも同じようにストロークするには、いつでも同じ構えができていなければな

りませんよね。これはショットも同じですが、実はなかなか難しい。で、どうしているかというと、僕の場合はアプローチをするように構えます。プロの中にはパッティングだけ独特のフォームの人がいますが、僕はそんなことはしません。アイアンで転がしのチッピングをやるようにパッティングしますので、その構えが基本になります。転がしのアプローチが最初からパターで転がるということです。

——わかりやすいですね。

今田●ですから、スタンスはあまり広くならずに肩幅ぐらいで、ややオープンスタンスになります。ただし両膝、腰、肩のラインはスクエアにします。そうすると目標方向にしっかりと打て、しかも両手が動きやすくなり、ストロークしやすいのです。

——ボールの位置はどうですか?

今田●左足かかと延長線上にあります。パッティングではボールが順回転で綺麗に転がっていくことが大事なので、左足かかと延長線上にボールを置くと、フェースがアッパーブローになったところでボールと当たるので、オーバースピンがかかるわけです。それがスタンスの真ん中に置くと、ダウンブローでヒットしてしまうことになり、バックスピンがかかって綺麗に転がってくれません。

——体とボールの距離はどうでしょう。

今田●目の真下にボールが来るようにしています。ほんの少し体に近いところにあるかもしれませんが、ボールを目の位置から地面に落としたところにあるようにしたいです。こうすると、目線と目標が一緒のラインになりますので、誤差が起きることがありません。ボールが体から近かったら、カップが左に見えやすいため、引っかけやすくなりますし、遠ければ右にあるように見えるので押し出しやすくなるでしょう。目の下にボールがあるのは大事なことです。

——今田プロの構えを見ると、目といっても左目の下にボールがありますね。左目が利き目なのですか?

今田●右目だと思うんです。でも実はよくわかっていなくて……。片目ずつ隠して試すのですが、やるたびに違っちゃうんです。

——本当ですか?

今田●困ったもので、本当にやるたびに違っていて……。でもパッティングでは左足かかと延長線上にボールを置いて構えているので、結果左目でボールを見てはいると思います。というか、見るようにしています。

——というのは?

今田●パッティングでも地面に真っ直ぐに立ちたいと思っています。ところが右目が利き目だからなのか、それともアッパーブローに打とうという意識が強いためか、体の右サイドが下がりやすい傾向があります。つまり背骨を右に傾けた、右肩が下がったアドレスです。スライスラインのときに起きやすいのですが、こうなるとすぐにパターヘッドが上がってカット打ちになってしまうんです。その結果、しっかりと転がってくれずにすぐに切れてダラッと右に下がってしまうパットになります。こうならないように、特にスライスラインのときには気をつけて真っ直ぐ立つようにしています。体重も右足：左足を50：50の均等になるようにしています。

——なるほど。左足かかと延長線上にあるボールを右目で見ると、どうしても体が右に傾きやすくなりますね。それで自然に左目で見るようになったのかもしれませんね。

今田●それと、先ほどスタンスはオープンだけど体はスクエアという話をしました。実は昔から膝と肩のラインが目標より右に向きやすい傾向があって、そうならないように注意しています。これが狂うと、目標に打つことができませんので。

——グリップはどうしていますか？　ショットとは変えていますよね。

今田●はい。逆オーバーラッピンググリップにしています。パッティングは両手が一体となっている感じが欲しいので、そうしています。右手だけ、左手だけといった感じではなくて、両手一緒にストロークする。そうすることでスムーズなパッティングになります。パターを握るときは、パターのグリップ部分が両手のすべての指の付け根に当たるようにして、グリップ全体を包むように握ります。こうすると指で握っている感じとなり、より敏感にパターを扱うことができます。手の平よりも指のほうが敏感でしょう。その鋭敏さをパッティングでは使うわけです。こうすることでヒッティングのフィーリングもつかみやすくなりますので、距離感が出しやすくなると思います。

――パッティングはタッチですかね。握る強さはどうですか?　パッティングではショットよりも柔らかく握ったほうがいいと言いますが。

今田●強過ぎず、弱過ぎずです。ドライバーよりは軽く握っていますが、軽過ぎても理想とするストロークの軌道を描けないと思います。ストローク中、手首を使うわけではありませんが、手首を硬くはせずに柔らかくしておきます。体のどこかに力が入ると、スムーズにストロークできなくなってしまいます。脱力するのですが、グニャグニャにはならず、しっかりと立ちます。

――背骨も伸ばしますね。

今田●もちろんです。僕のパッティングのストロークは背骨を軸とする回転運動なので、この軸が傾いていたり、丸く曲がっていては上手く回転しません。ですから、ショットのアドレスのように股関節からきちっと前傾して、その前傾角度をストローク中に変えないように心がけます。

真っ直ぐ引いて真っ直ぐ打つか
イン・トゥ・インにするか

——今田プロの話がストロークに及んできましたので、アドレスからストロークに移っていきたいと思いますが、今田プロのヘッド軌道はフィル・ミケルソンと同じようなインサイドに引いて、スクエアに戻し、再びインサイドにフォローしていくというものですね。

今田●そうです。インサイド・インというか、イン・トゥ・インのストローク軌道です。背骨を軸にして上体を回転すれば、自然にイン・トゥ・インのストローク軌道になります。両肩と両肘とグリップの5角形を崩さずにストロークするよう心がけていますが、そうしようとすればやはり自然にイン・トゥ・インになります。

——確かにそうなりますね。

今田●選手の中には真っ直ぐ引いて真っ直ぐに出す、ストレート・トゥ・ストレートの選手もいますが、この場合は上体を回転する必要はないですし、5角形も崩れます。特殊な打ち方になるので、僕は一度もやったことはありませんし、やろうと思ったこともありません。

——なるほど。

今田●僕は昔から開いて閉じる、オープン・クローズのパッティングスタイルでした。ですからそれが身についてしまったという人は絶対に真っ直ぐ引いて真っ直ぐに出すというストロークはできないと思います。それに先ほども言いましたが、僕はパッティングもアプローチの延長線上に考えていますので、アプローチがイン・トゥ・インのスイング軌道ですから、パッティングもそのほうが自然なんです。

——この2つの打ち方は、絶対というくらいの違いがあるのですね。

今田●その通りなんです。いくらやろうとしてもできないですから。そして、これは僕の考えですが、イン・トゥ・インのほうが、ボールが綺麗に転がってくれると思います。

——しかし、イン・トゥ・インのストロークだと、ヒッティングポイントがずれた場合、フェースが開いて打ってしまったり、閉じて打ってしまったりといったことがあるのではないですか?

今田●うーん、それはもちろんありますが、真っ直ぐ引いて真っ直ぐ出すスタイルでもその真っ直ぐが狂っている場合は違った方向に真っ直ぐ転がりますし、そもそものスタイルは独特の打ち方になるので、真っ直ぐに打ちにくいということもあります。人間は機械じゃないので狂いますから、いかにその狂いがないように打てるかを練習するというわけですね。

――では、今田プロはどんな練習をしていますか?

今田●パッティングアークという練習器(細長くて軽く湾曲している板状の練習器)を使って練習しています。この板にヘッドのソールを滑らせながらストロークすると、自然に正しいイン・トゥ・インの軌道になり、それが身につくというわけです。家の中でもやりますが、そのときはボールを打ちません。ストロークを身につけるわけです。

――いい練習器ですね。

今田●僕は右肩が下がってインパクト後にヘッドを持ち上げてしまう癖があるので、低く長くフォローが出るようにチェックしながらやっています。そうするとさらに転がりのよいボールになりますので。

――タイガーが練習グリーンで50㎝くらいのパットを打ったあと、そのまま数秒間フィニッシュで止めているのを目撃しますが、それもそういったことをチェックしているのでしょうか?

今田●そうだと思います。それにフィニッシュでフェースの角度をチェックして、自分の思い描くストローク軌道になっているかを確かめているのでしょうね。

――今田プロは他にどんな練習をしますか?

今田●練習グリーンではティペッグを2本、ボールの少し先にパターヘッドの長さよりも少しだけ間隔を空けて刺して、ボールを打ったあとにヘッドがそのティペッグに当たらずに通過するという練習をよくやります。インパクト付近ではなるべくストレートにヘッドが動くようにしたいと思ってやっています。

——となれば、インサイド・ストレート・インサイドの軌道でもあるというわけですね。

今田●そうなのかもしれないけれど、あくまでストロークの意識はイン・トゥ・インであって、ヒッティングエリアだけがストレートに近いということです。ショットでも同様でインパクトエリアが低く長くストレートであれば、ショットの方向はよくなるでしょう。それと同じです。

——インパクトではフェースがスクエアになることが大切ですよね。そうできれば、イン・トゥ・インであっても、目標に真っ直ぐに転がってくれますから。

今田●その通りです。そのために僕はボールにラインを引いて、それを目標に向けておきます。そして、アドレスでパターフェースをボールにセットしたとき、パターに描かれているラインとボールのラインを合わせて1本のラインにして、そのライン上にストロークしていきます。パターのラインを残像として残してストロークするといってもいいです。

——ボールとパターのラインをシンクロさせるわけですね。先ほど、低く長くフォローを出すと言っていましたが、テークバックも低くとりますか？　低くテークバックする人もいますが。

今田●真っ直ぐ引いて真っ直ぐに打つ人は低くテークバックできると思いますが、僕のような背骨を軸とするイン・トゥ・インのストロークでは自然に上がってしまいます。それに地面が平らであればいいかもしれませんが、そうじゃない場合が多いですから。地面にヘッドが当たるとダフってしまったりトップしてしまいやすいので危険です。それにインパクトはボールの赤道を打ったほうが転がりがいいので、低過ぎても高過ぎてもよくないと思います。変なスピンがかかってしまいますので。

――今田プロはパッティングはアッパーブローに打ったほうがいいと言っていたと思うのですが？

今田●アッパーブローになればオーバースピンがかかって転がりがよくなりますが、それを意識し過ぎるとアドレスで右肩が下がってしまうので、今ではボールの位置が左足かかと延長線上にあれば、レベルのストロークで自然にアッパーブローになると思ってストロークしています。敢えて低いテークバックをして高いフォローをとるようなことをしないようにしています。

弱ければ入らないが、強くても入るとは限らない

――では、実際にグリーン上で、どうカップを狙っていくかについて話してもらえますか？

今田●僕たちプロの場合は、ショットを放ってボールがグリーンに乗ったときからパッティングラインのことを考えています。

――乗ったらすぐにですか？

今田●僕たちは練習ラウンドでグリーンの形状を知っているので、ボールが乗ったところからカップまでどんなラインかほぼわかっています。というのも、ショットを打つときからただピンを目がけるのではなく、どこに乗せたら入れやすいパットになるかを考えていますので、ショットが逸れても大体はわかるわけです。ですから、グリーンに向かうまでもそのラインをイメージして歩きます。

――では、初めてラウンドするときはどうですか？

今田●グリーンの形状を見ながらグリーンに上がります。そして、まずは一番高いところを見ます。それからグリーンの四方を見て、ボールとピンを見ます。最初からボールのところへ行って

ピンまでのラインを考えてしまうと、グリーン全体を把握していないために錯覚してしまうことがあるものです。

――大を知って小を知れですね。

今田●グリーン全体を見て、どこからどう下っているのかを把握します。そうすれば、ボールの位置を見てラインの大まかなことがわかります。それから、ラインを読むわけです。そうすればスライスラインをフックラインと読み間違えるといったことは起きにくくなります。

――なるほど。我々はボールとカップまでしか見ませんから、間違えてしまうんですね。

今田●そうかもしれません。そして、ピッチマークを直して、ボールをマークしたら、もう一度グリーン全体をぐるりと見回します。そしてどこが高いかをもう一度確認します。先ほど見たのと合っていれば、ボールマークからカップまでのラインを見ます。しかし、そこではまだ打つラインは決定せず、漠然とラインを読みながら距離を歩測します。距離を知らずに、勘だけに頼って打つのは危険です。何歩だからこれぐらいの幅のストロークをするといった目安を作ってから打つことです。そうすれば、オーバーし過ぎたりショートし過ぎたりといったことが少なくなりますので。

――確かにそうですね。面倒だなと思って、カップまでも歩かず、歩測さえしないことがあります。

今田●アマチュアは恐ろしいですね。それで入れたりしますから。でも、プロはそんな横着なことはしません。1mのパットも250ヤードのドライバーショットも、本当に1打なのです。それがゴルフなのですから、面倒なんて言わずにとても大事なものと思ってパットをしてください。

――肝に銘じます。

今田●そしてカップのところまで歩いたら、今度はカップからボールまでを見てラインを読みます。また、カップ周りもしっかりと見ます。カップ周りはボールの勢いがなくなるところですから、大きく切れたりしますので、傾斜をきちんと見て、カップにどう入るかをイメージします。入り口がわかると打ちやすくなりますので。そして、ボールに戻るときにラインを見ながら歩きます。ボールマークまで戻ったら、想定したラインが正しいのか確認します。そして、ボールを置いたら、決めたラインをしっかりと見ます。

――ラインを見るときはしゃがんだほうがいいですよね。

今田●目線が低ければより傾斜がわかります。読んだラインに自信が持てます。そしてボールを置いて打つラインが決定したら、実際にボールを打つイメージを持って素振りを2回します。そのまま構えてラインを一度見て、今やった素振りと同じストロークを行います。

――素振りを行うのは緊張を解くためですか？

今田●その通りです。ラインを決めてすぐに打とうとすれば、どこかに力が入ったり、体が硬くなりやすいです。素振りをしてリラックスしてそのまま打つほうがいいです。素振りと同じように打てばいいと思えば、迷いもなくなりますし、頭の中を空っぽにできます。

――パッティングは強めに打つほうが、ラインを浅く読めるし、入れやすいという人がいますが、どうですか？

今田●パッティングは弱ければ入りませんが、強くても入らないと思っています。カップの真ん中から入らなければ蹴られてしまいますので。ですから、カップから30㎝くらいオーバーするぐらいの強さで打つように心がけています。そして、そうなるようなラインを想定します。ただし、1m以内のショートパットで弱いと曲がってしまうようなときには強くコンと打って曲がる前に入れてしまうときもあります。

――では、ロングパットとショートパットで考えていることはありますか？

今田●ロングパットでは2パットで入れることを考えます。3パットは絶対にしないのが鉄則です。そのためにはカップの周りに1mの円を描いてその中に入れるようにします。オーバーしてもショートしても1m以内に確実に寄せることです。1mもショートすると周囲は打てなかったように思いますが、僕は気にしません。1mならば十分OKです。次のパットを沈められるように集中を切らさないようにします。打つときの注意点としては、ロングパットは振り幅が大きくなりますので、背骨の軸を崩さないようにします。そのためには顔を早く上げない、すぐに起き上がらずに背中の角度を変えないということが大切です。また、ロングパットは風が強いときには影響を受けますので、それも考慮します。

――ショートパットはどうでしょうか？

今田●3m以内のパットはボールラインを目標に合わせて、そのライン通りに打てるように集中します。外れたら外れたと思うことにして、とにかく基本を守ってしっかりと打ちます。ロングパットもそうですが、インパクトでグリップが緩んではボールはきれいに転がってはくれません。アドレスでのグリッププレッシャーを変えずに低くフォローを出してやることです。きちんと打てていれば、たとえ外れてもがっかりしないこと。パットは考え出したら、深い穴に落ちてしまいます。いい打ち方ができているかどうかが問題で、結果を気にしてはいけません。

――1mぐらいのショートパットは外したくないので恐怖感が湧くと思うのですが。

今田●確かにそうですよね。ロングパットでも言いましたが、1mはOKとするのですから、1mは外せません。なので、1mのパット練習はもの凄くします。グリーンの周りにボールをぐるりと1mの距離で並べます。それを丁寧に1つ1つすべて入れていく。そうした練習をきちんと行います。1mに絶対の自信を持つ。これは本当に大事なことですし、タイガーだってしっかりと行っている地道だけど本当に大切な練習です。とにかく、ボールがカップに入ってくれるイメージを頭に叩き込むしかありません。

——スライスラインとフックラインはどうでしょう?

今田●初めにも話しましたが、私の場合、スライスラインは右サイドが低くなってカット打ちになりやすいので、そうならないようにアドレスを注意します。ラインをイメージして打つわけですが、上りのラインや下りのラインでは仮想のカップを想定してそこに向かって打ちます。当然ですが、上りよりも下りのラインは大きく曲がるのでそれを計算してソフトに打ちます。カップのサイドから入れるイメージを持ちます。フックラインは目標に向かってポンと手が出しやすいので、難しくはありません。仮想のカップに向かって手を出してやればいいだけです。

——2段グリーンなどはどう対処しますか?

今田●そうですね。段のことばかり考えては上手く対処できませんので、仮想のカップを置いてそこに打つことが大切でしょう。まあ凄い下りなら、段を越すところまで打ってあとはとろとろ転がすイメージですね。上りなら、とにかく段差を越えることに集中します。段差の影響は結構大きいので、仮想カップを本当のカップよりもかなりオーバーしたところに設定するのがいいと思います。

――最後に、朝の練習グリーンではどんな練習をしたら効果があるかをお聞きしたいのですが？

今田●まずはボールを3個置いて、目標を決めずにポーン、ポーンと気持ちよく打ってみます。すると大体同じところに止まると思います。それが本日の気持ちのよいストロークの距離なわけです。この距離を歩測して、それを物差しにします。つまり、この気持ちのよいストロークの幅を変えて距離を変えるわけです。よって次は、3個のボールをそれぞれ違う目標に打ちます。行うのはロングパット。10mとか7mとか、長いパットを今日の物差しを使って振り幅を変えて打ちます。こうしてしっかりと距離感を作ります。

――なるほど。距離感とは作るものだと知るべしですね。

今田●そうです。それもその日の距離感を作らなければいけません。ですから、僕はレンジでボールを打つ前にそのことをまず行います。そしてレンジでボールを打ったら、再びグリーンに戻って今度はショートパットを練習します。1mから始めてどんどん入れて短いパットが確実に入るイメージを持ちます。それを1・5m、2mと伸ばしていって、距離が伸びても入るんだという自信をさらにつけます。

――そうして実際のラウンドで3mから5mが入ってくれれば、上位にいけるというわけですね。

今田●パットは距離感と方向性ですが、実際のコースでは真っ直ぐのラインなんて少ないわけですから、いくら方向性がよくても距離感が合わなければ入りません。ですから、まずは距離感をしっかりと作ったら、あとは入るという自信が大切ですね。

――これまでに、ティペッグを2本刺してストロークを確認するとか、カップの周りにボールを置くといった練習法をお聞きしましたが、その他に教えてもらえることはありますか？

今田●右手1本、左手1本と、両手で打たずに片手で打つ練習をするといいと思います。フェースの芯でヒットしているかを確認します。それも僕の場合はイン・トゥ・インのストロークができるようにします。パッティングアークの練習器を使ってやってもいいと思います。余計な動きがなくなって、いいストロークができるようになります。

――そうした練習をやっているプロを結構見かけますね。

今田●それと頭を壁につけたり、お尻を壁につけて練習するのもいい方法だと思います。これはパターを持たなくてもいいので、家でもできます。背骨を軸にしたストロークができやすいです。頭を動かさない、背骨の角度を変えないといったこともできるようになります。

――パッティングの上手い人は背中側から見て、お尻が動かないと言いますけど、それができる練習法ですね。

今田●上手い人は下半身と頭がまったく動かずに上半身だけが綺麗に回っていますからね。そうなるように僕も努力したいと思います。

――今田プロの抜群に上手いショートゲームのポイントをいろいろ教えていただけて、本当にタメになりました。どうもありがとうございました。今度は他のショットも教えてください。

今田●必要とあればいつでも言ってください。

第2章

今田竜二のショットをよくしよう！

PART 1

飛ばない人の飛ばしの法則

「いい当たりは飛んで気分がいい。ならばグッドスイングを心がけよ!」

今田プロはフェアウェイキープ率が60%台であっても、飛距離を抑えて方向性をよくする考えはない。マン振りに近い9割で振って、常に270ヤード以上の飛距離をキープしたいと言う。それぐらいUSツアーは飛ばなければ戦うことさえできない高いレベルの世界なのだ。ならばどうやって飛距離をアップしていけばよいのだろう。

――これまで今田プロが得意とするショートゲームについてお聞きしてきたわけですが、今回は飛ばしの大特集ということで、思い切って飛ばしについてお話を伺いたいのです。

今田●ご存知のように、僕はUSツアーの中では飛ぶほうではまったくありません。ここ数年のドライバーディスタンスのデータでは280ヤード前後で150位～170位といったところですからね。飛距離だけならシード落ちです(笑)。

――しかし、280ヤードの飛距離があれば日本のツアーでは十分。ランキングでも50位くらいには入ります。

今田●USツアーは大男ばかりですからね。体力もあるし筋力もある。170㎝の僕など、ツアー選手の下から5番目くらいに小さい。確かにこの小さな体でUSツアーで戦うのは大変です。というのも、ここ数年はどんどんとパワーゴルフに変わって、賞金ランキングのトップ10はドライビングディスタンスでトップ20に入っている選手ばかりです。

――確かにデータを見るとドライビングディスタンスのトップ20というと、ほぼ300ヤードを飛ばしています。この中にはタイガー・ウッズやフィル・ミケルソンはもちろん、大活躍しているロリー・マキロイやダスティン・ジョンソン、カミロ・ビジェガスも入っています。'08年のUSオープンに優勝したアンジェル・カブレラもいますね。

今田●しかも勝っている選手はフェアウェイキープ率だって悪くない。ベスト20は70％以上をキープしている。それに比べて僕はほぼ60％で120位台ですからね。

——そう言われるとUSツアーの厳しさがわかります。しかし今田プロはそのドライバーショットの劣勢さを巧みなショートゲームでカバーして優勝までしたのですから大したものです。今田プロは'08年のAT&Tクラシックではケニー・ペリーとのプレーオフに勝つわけですが、ペリーは飛距離もフェアウェイキープ率もベスト20の選手ですからね。

今田●だから飛距離と正確性を合わせたトータルドライビングでは、ケニーは'09年が4位で'10年はトップですからね(3月現在)。僕なんか飛ばないし、フェアウェイもキープできないから、この分野では170位～190位の選手ですもん。本当に戦っていくのは厳しいです。

——しかし、データを調べてみると、今田プロはほぼ10年前の'01年にはドライビングディスタンスで302・8ヤードも飛ばしています。それから5年間は290ヤード前後で'05年は295ヤードも飛ばしています。我々アマチュアはクラブの進化によって確実に飛距離がアップしています。それはプロも同様だと聞いていますが、今田プロのドライバーディスタンスの変遷を見ると、ドライバーが進化していないというか、逆に退化してしまっているのではないかと思ってしまいます。

今田●アマチュアの皆さんはそもそもミート率が悪くて飛距離をロスしているので、芯を食わなくても大きなスイートスポットで飛ぶ大型ヘッドのドライバーならば飛距離が出るわけでしょう。しかし、我々プロはそもそも芯でヒットしていますので、大型ヘッドのメリットはありません。僕などはシャープに振りたいタイプなので、小さいヘッドで素速く振りたい。アイアン感覚で打てるドライバーが好きなんです。

——となると、長尺ドライバーもマッチしませんね。シャープに振ってヘッドスピードを上げて飛ばすのが今田流なのですね。それでも飛ぶドライバーが出たら嬉しいですね。

今田●それを願っています。だから、クラブの中では一番替えるのがドライバーですね。他のクラブはずっと使い続けていますからね。とは言っても今以上に飛んでコントロールできるドライバーにはなかなか出合わないですね。

——ドライバーをテストするときはスペックなどにこだわるのですか?

今田●こだわらないというか、敢えて聞かないようにしています。というのはスペックを知ってしまうとそれに惑わされてしまうからです。このロフト角だとこうなるとか、シャフトがこれでこのフレックスだとこうなるとか知ってしまうと、それにとらわれて、白紙の状態からクラブを選べなくなってしまうんです。だから、何も知らなくて、構えてみていいな、打ってみていいな、というものを探していくのが僕に向いています。気に入ったシャフトが見つかって、気に入ったヘッドに刺して打ってみるとか。

——ということは、今使っているドライバーのヘッド体積とかロフトとか、ライ角とかもわかっていない……。

今田●そうなんです。だってヘッドの形は一様ではないですから、体積が同じであっても大きく見えたり小さく見えたりしますし、ロフトやライ角が同じであっても同じ印象は持たないでしょうし、実際打ったボールも変わりますから。打ってみていいボールが出ればそれでいいんです。僕のイメージに合う弾道やコントロール性がもたらされればいいわけですから。

——それで今より飛べばもっといいわけですね。

今田●そうですが、調子のいいときはクラブ替えることはありません。今の280ヤードの飛距離とフェアウェイキープ率60%が自分のドライバーショットの実力で、それを上回るためにはトレーニングや技術で向上しようと思っています。

——どんなトレーニングを行っているのですか?

今田●コアトレーニングをやっています。体の内部の筋肉を鍛えるトレーニングですね。背中とか腰とか弱いところを鍛えています。でもこれは怪我をしないためですね。僕は体も小さいし、それでいて目一杯振っているので、これまでは怪我も多かった。しかし、コアトレーニングを始めてからは怪我がありません。

――それは1年間戦っていくプロにとっては大きいですね。

今田●そうなんです。そして、このコアトレーニングは少しずつですが、飛ばすことにつながっていると思っています。まあ、僕の体ではどんなに頑張ってもアベレージ300ヤードの選手にはなれないと思いますが、技術も向上させて290ヤードを飛ばせるようになりたいですね。

フェアウェイはキープしたいが、飛距離は落とせない

――では、技術で飛ばすというのはどういうことでしょうか?

今田●スイングをよくしてイメージ通りのナイスショットをして、フェアウェイキープ率をよくするということですね。ボールがいい当たりでフェアウェイに飛べばランが出るので10〜12ヤードは飛距離が伸びますからね。

――もちろん、そうでしょうけど、飛距離と同じように簡単にはよくなるものでもないですよね。

今田●もちろんです。飛距離を落とせばフェアウェイキープ率は上がると思いますが、僕が今の

自分の飛距離を落とすわけにはいきません。それは先ほども話したようにＵＳツアーがパワーゴルフに移行しているからで、これ以上飛ばなかったら闘っていくことはできません。だから今の飛距離を落とさずにフェアウェイキープ率を上げていくしかないのです。

――セルジオ・ガルシアは20ヤード飛距離を落としてもフェウェイに打ちたいと言っていますが。

今田●彼はタイガーと同じぐらい飛ばすわけですから、飛距離を落としても戦っていけます。逆に言えば、彼なら飛距離を落としてフェアウェイをキープしていくほうがもっと勝てるでしょう。

――タイガーも以前からすればドライビングディスタンスのデータでは飛距離は落ちていますからね。

今田●タイガーは今やドライバーを使わないことも多いですからね。それでも十分に飛んでいるし、ドライバーショットがほとんどフェアウェイに行かなくても勝ってしまうんですから。

――そうですね。タイガーは3番ウッドを使ってさえ、フェアウェイキープ率は50％以下ですからね。

今田●それでも勝てるのは、ドライバーが曲がっても飛距離が出ているからで、ラフに入ってもショートアイアンなどでグリーンが狙えてしまう。小さな僕とは違うんです。僕はフェアウェイを外すとすぐにミドルアイアンやロングアイアンを使わざるを得ない。となれば、グリーンを外すことが多くなる。それを何とかアプローチとパットでパーセーブしてつないでいるわけです。

——ということはフェアウェイキープはしたいけれど、飛距離を落としてラフに行ってはそれこそスコアにならないということですね。

今田●そう。だから比重としたら、僕にとってはフェアウェイキープよりも飛距離が大事なんです。それでフェアウェイに行くことに越したことはないけれど、OBや池に入らなければいいわけで、そうであればパーは拾えます。もちろん、上手くフェアウェイに飛べば短いクラブで打てますから、バーディチャンスになる。なので、距離を落としてフェアウェイキープという考え方にはなりませんね。

——だから、いつでも思い切って振っているのですね。

今田●はい。軽四輪がエンジンをフル回転させて走っているようなものです。

——しかし、プロというのはマン振りしているようでも、8割の力で振っていると言いますが、今田プロはどうですか？

今田●マン振りではないですけど、9割の力では振っているでしょうね(笑)。これがコースで使えるスピードだと思います。それ以上振ってしまうと5～10ヤードは飛ぶかもしれないけれど、方向性も悪くなるので、そこまでやるかという話になります。力があってもコントロールできなければその力が無駄になりますから。コントロールあっての力です。しかし、その反面、力があってのコントロールでもあります。そのバランスをいかによくするか。これはトータルドライビングをいかによくするかということになります。僕はこのランキングがまだまだかなり低いので少しでも上げたい。このランキングがいいときはスコアもよくて、その試合では上位に食い込めています。なので、９割で振って２８０ヤードをコンスタントに飛ばしてフェアウェイキープ率を70％台にしたいんです。

——フェアウェイキープ率が10％違うとスコアが大きく変わりますか？

今田●それは違いますね。というのもフェアウェイキープ率が70％だと、フェアウェイをちょっとだけ外れたのが20％で、大きく外れたのが10％なんです。ところが、僕のように60％だと、フェアウェイをちょっと外れたのが20％で大きく外れたのが20％にもなる。その差が確実にスコアに影響してきます。

——となれば、ドライバーにおけるスイングをよくしていかなければならないですね。

今田●そうそう、それが問題なのです。

膝を動かさないことと打ち急がないこと

――今田プロはドライバーが苦手だと言いますが、フェアウェイを外さないときもありますよね。優勝した翌年の　年もの前半は特に調子がよさそうでしたし、マスターズでもほとんどフェアウェイを外していなかったでしょう。

今田●あのときは本当に調子がよかったです。でも中盤から終盤に悪くなって、シードも危なくなってしまいました。

――優勝して自信もついたことだろうし、そんなことになるとはよもや思ってもみませんでした。

今田●それは僕も一緒です(笑)。でも前半は何でショットがよかったのか、その後が何で悪くなったのか。実は僕にはよくわからないんです。だから問題なんです。

――技術でなくメンタルだったりして。

今田●それも大きいと思います。調子が悪くなってくると打つ前にスイングのことをいろいろと考えてしまいます。考えたときは、大体がミスショットになりますね。1つだけならまだいいのですが、2つ、3つとなるととんでもないことになります。それが4つも5つにもなったらゴルフをやめようかなとも思いますね(笑)。とにかく、調子のいいときは何も考えずに打っています。

——アマチュアでもそうですね。でも考えてしまうんです。先ほど、今田プロは1つならばと言われましたが、例えばどんなことですか?

今田●まずはいつもと同じアドレス、トップになっているかということがあります。これが決まっていれば、スイングも決まりますので。僕はアドレスで体重配分を右足に4、左足に6として構え、バックスイングしながら右足に体重を乗せていって、トップで右足6、左足4になるようにしています。

——石川遼くんはトップでは右足に100%乗せるらしいですが……。

今田●僕はそんなに大きく体重移動したらボールが大きく曲がってしまいます。もちろん、マン振りして曲がっても飛ばしたいというときには、ティアップを高くしてスタンスを広げ、クラブヘッドを宙に浮かせるというアドレスを作ってから、大きく体重移動してアッパーブローに高く振り抜くということをやります。それでも100%右足に乗せることはやりませんね。

——ソニーオープンが行なわれるワイアラエの18番のパー5はどの選手もマン振りするそうですが、今田プロもやりますか?

今田●あそこのホールはマン振りしますね(笑)。僕はマン振りすると、フックになりやすいのですが、あのホールは左が広いので、思い切って振るようにしています。そういうホールは楽しいですけど、飛ぶ選手は信じられないほど飛ばすので、僕には不利です。フェアウェイが狭くて誰もが振れないコースでの試合のほうが僕にはチャンスはありますね。

――なるほど。となれば、トップで右足6、左足4の体重配分から、左足に体重を乗せていくのが今田流のスイングということになりますね。となれば体重移動は決して大きくしないということになります。

今田●体重移動を大きくすると、それだけ体が動いてしまってミート率が下がると考えています。飛ばしはミート率をよくして行うというのが僕の考えです。それが方向性も高めると思いますので。

――アマチュアも飛ばしたいのなら、ヘッドスピードを上げるよりもミート率を上げよという教えがあります。

今田●両方ができればそれに越したことはないですが、ミート率を上げるほうが飛距離だけでなく、方向性も同時に手に入りやすいでしょうね。

――ミート率を上げるにはどうすればいいですか？

今田●僕はスイングにおいて2つのことに注意しています。1つめはバックスイングをゆっくり

引き、膝を動かさないこと。2つめは打ち急がないこと。打ち急ぐとバックスイングで肩が十分に回っていなかったり、ダウンスイングで右肩が前に出てしまいます。

——今田プロはバックスイングをパッと引いて、トップではサッと切り返し、一気にスパーンと振り抜いてフィニッシュといったテンポの速いスイングが持ち味だと思いますが……。

今田●確かにスイングのテンポは速いのですが、速過ぎて体が回っていないときがあります。こういうときにはミスショットになってしまいます。だから速いバックスイングにおいても自分の中ではゆっくりを心がけています。そうして肩を十分に回して素速く打ち抜きたいのです。

——肩が回っていないと、ダウンスイングで体が早く開くのではないですか？

今田●そうです。右肩が前に出て突っ込んで、左サイドが早く開いて左腰が引けてしまうんです。こうなると力のあるボールにはなりません。手打ちにもなっていますね。

——と言うと。

今田●右に真っ直ぐ出るか、右へスライスするボールになってしまいます。こういうときに左からの風だとボールが軽いので右に流される。最悪の結果です。なので、左からの風は好きではないですね。

——では、よいスイングをしたときはどんな打球になるのでしょうか？

今田●僕の場合、ちょっぴりドローになります。それも僕は弾道が低いほうですが、やや高くなる。綺麗なスイングをしたときにそうなるのですが、そのときには右サイドに体重を残した感じでインパクトしています。急いで左に体重を乗せてしまったときはボールが低くなってスライス気味の回転となります。

グリーンが狙いやすいサイドに打っていく

――今田プロは持ち球を決めない。それはホールレイアウトや風などの条件に合わせてドローとフェードを自在に打ち分けたいからだと聞いたことがありますが……。

今田●もちろん打つ前には当然、弾道を考えます。ですからドローで攻めたいときはティグラウンドの左側にティアップしたり、フェードで攻めたいときには右側にティアップをしたりします。とは言ってもティグラウンドはいつでもいい状態とは限りません。荒れていたり、傾いていたり。ですから、気持ちよく打てるところを探します。コンフォタブルに立てる。それが結局はナイスショットになりますから。

――ティアップして、ボールの後ろからコースを見ているときにはどんなことを考えていますか？

今田●まずはグリーンの位置とピンの位置を見ます。そこに打つためにはどこに打てばいいかをヤーデージブックを見ながら考えます。フェアウェイの右サイドか左サイドかを考えます。また、そのサイドにトラブルがあるかないか。トラブルにならないよう、ミスするならどちらのサイドがいいかも考えますね。

――今田プロは、打つまでのルーティンがありますか？

今田●これはいつも同じテンポで打つために大切なので決めています。ティアップしたら軽く2回素振りをします。そしてボールの後ろに行って目標を決めます。アドレスしたらもう一度目標を確認して、あとはその目標だけを考えて打ちます。

――先ほど好きな風と嫌いな風があると言いましたが、それがスイングに影響を及ぼしますか？

今田●ありますね。というのも、右からの風だとスイングが悪くてスライスボールになったとしてもフェアウェイに残ります。ナイスショットだとドローが少し効いて左サイドに残ります。なので、リラックスして打てます。でも左からの風だとどうしても左に引っ張らなきゃいけない感じがして、左からさらに左に行く引っかけが出たりしますし、右に飛んでいくミスが出ると大きく右に流されてしまう。だから左からの風だと余計なことを考えるのでミスも出やすいですね。

――実際の試合やコースではそうは簡単にナイスショットは放てない。それも思うようなインテンショナルショットはなかなか難しいということですね。

今田●PGAの試合は、距離もあってコースセッティングも難しいですから。ティグラウンドから見てもセカンドショットからでも、プレッシャーがかかるようなビジュアルになっていますからね。でも、打つ前には攻略ルート、弾道はしっかりと決めますよ。そうでなければもっとミスショットが出てしまいますから。

――ナイスショットがどうすれば出るのかということもありますが、どうすればミスショットが出ないか。ミスショットが出てもどうしておけばそれを最小限にできるか。そういったことを考えてショットをしていくことが大切なのですね。

今田●ゴルフレンジでただボールを打つわけではないですからね。コースでは同じレイアウトはないですし、風やライなどが変わって二度と同じショットはできない。そのための訓練を練習でもするべきだと僕は考えていて、だからゴルフレンジでの練習はあまりやりません。コースで練習することが好きなこともありますが、より応用力をつけたいのです。

――それにしても、フェアウェイキープ率が高くないのに、フェアウェイが狭いほうが今田プロにとってチャンスがあるというのはどういう意味ですか？

今田●それはこれまでフェアウェイに打てていた選手までラフに入るからです(笑)。こっちは曲がることに慣れているし、ラフから打つことも慣れているから、逆にフェアウェイばかりに打っていた選手はプレッシャーがかかるでしょう。つまり僕のほうが有利になるというわけです。

――なるほど。USオープンなどはそうですよね。

今田●ですから、USオープンなどの難しいコースやセッティングなら、スコアも伸びずにイーブンぐらいが優勝スコアになるので、パーを拾って凌いでいく僕のような選手にもチャンスがあるというわけです。距離が長くてフェアウェイが広い20アンダーとかになる試合は僕にはノーチャンスでしょう。10アンダーぐらいが優勝の試合が一番チャンスがあるかもしれませんね。

――パー5のホールが鍵になることがありますか?

今田●パー5は飛ばし屋が有利になっているケースが多いですね。ギャラリーも飛ばし屋が2打で乗せてイーグルにするところを見たいですから。でも僕の飛距離だと、飛ばし屋が越えるバンカーや池が越えられなくて、かえってフェアウェイの狭い場所に打たされることもあります。最初から2打では届かないというパー5ならティショットから飛ばす必要がなくて割り切れるのですが、そうしたぎりぎり2オンできるパー5はギャンブルせざるを得ないので困りものですね。

テークバックでフィニッシュ、ドライバーを上手く打つコツ

――となると、今田プロにとっては、やはりドライバーが好調であれば、ショートゲームが上手なだけにチャンスは大きくなりますね。

今田●まさにその通りで、ドライバーが当たっているときは気分がよくなって自分にプレッシャーをかけずにプレーできるので楽ですね。飛距離も出ますし、方向性もいい。ですから当然、バーディチャンスも増えます。ドライバーは大きな鍵を握るクラブです。

――我々アマチュアも今田プロと一緒です。ドライバー次第でスコアが大きく変わります。

今田●ですから僕はドライバーの苦手意識をなくしたいし、ドライバーの不安を解消したいと思って練習しています。

――そのために今田プロが今取り組んでいることはありますか？

今田●「テークバックでフィニッシュする」ということを練習でやっています。これは僕のイメージでそう言っているのですが、アドレスからテークバックしたら8時の位置で一度終わりにします。つまりここまではコックをしない。アドレスのまま上体を回して長く低くクラブを引くわけです。

――アーリーコックをしないようにするわけですね。

今田●というか、僕はコックが中途半端なところで入っちゃうんです。そうすると体が回らない。それで体が浮いてしまって、浅いトップになって、ダウンスイングでは右サイドが打ち急いでしまい、インパクトで左サイドが引けてしまうのです。

――先ほど言っていた力のないスライスになってしまうわけですね。

今田●そうです。ですから、8時の位置までコックをせずに上体とクラブをワンピースに回して体をグッと入れるというか、体重をグッと乗せます。こうすれば自然と体が回ったトップになって、ダウンスイングでも体が突っ込まずに自然に体重の乗ったいいインパクトができます。

――ボールが当たらなくなると、どうしてもインパクトに目が行きがちですが、そこに原因はないというわけですね。

今田●インパクトゾーンではフェースがスクエアになっていることが大切ですが、それを行なうためには、そこまでのプロセスが重要だということですね。インパクトまでのプロセスをコントロールして自然に体が動くようにしたいと思ったわけです。

――なるほど。それができればフェアウェイキープ率は80%、飛距離も300ヤードになるんじゃないですか？

今田●あはは。気持ち的には飛距離290ヤード、フェアウェイキープ率70%ですが、さしあたりの目標は飛距離280ヤードアップ、フェアウェイキープ率65%。そうなれば成績もついてくると思います。

——ではでは、最後に我々アマチュアに飛ばすためのアドバイスをいただきたいのですが。

今田●僕が思うに、まずはスイング云々より、自分に合っていないクラブを使っている人が多過ぎますね。それは試打もしないで、見ただけで買ってしまうことに原因があるでしょう。もしすでに買ってしまって上手く打てていないのなら、一度ショップで自分に合っているか見てもらいましょう。シャフトを替えるだけで合う場合もあると思います。

——ミスショットするのは、自分が悪いわけでなくてクラブが合っていないことが多いというわけですね。

今田●そう思いますし、合っていないクラブを使っているとスイングも悪くなってしまいます。ですから、購入するときには必ず試打して合うクラブを探してからにしましょう。そして、これがドライバーでナイスショットを打つためのファーストステップです。それから自分のスイングができるようにしていく。そうすれば自分のスイングにドライバーを合わせることができます。自分に合っていないクラブを使っているうちは、自分のスイングにドライバーを合わせようとしているわけで、上手く打つのは難しい。無理がありますよね。

——確かにそうかもしれません。

今田●それと、飛ばそうとし過ぎている人があまりにも多いと思います。飛ばさなきゃならないというか、飛ばないことに罪悪感を抱き過ぎているというか、とにかく、それで打ち急いで、ボールに力が伝わっていない人が多いです。トップで体が回ってないのに、そこから手で思い切り振って、ヘッドがボールにたどり着いたときには力が30％減になっているとか。体が硬くなってしまって上手く力が伝わっていない人も見かけますね。

——では、どうしても力が入ってしまうアマチュアはどうしたらいいでしょう?

今田●僕がよく言うのは、「ボールの前を打つように」ということです。ボールがある位置の、その10～20㎝先にボールがあるイメージで打ってくださいとアドバイスしています。そうすると、インパクトがボールの先になって、ヘッドがボールのところで走るようになります。力がボールに伝わりやすくなるんです。そうやって実際のボールを上手く打てれば、これまでよりも凄く飛ぶと思います。飛距離290ヤード、フェアウェイキープ率80％はいけますよ(笑)。

——そうなったら本当に嬉しいです。そうなれるよう頑張ります。

PART 2 攻撃的FW&UT打法

「フェアウェイウッドとユーティリティは攻撃ゴルフに必要なクラブ。たっぷり練習して自信を持とう!」

今田プロはスイングの基本や調整は5番ウッドで行うという。
ボールを直接ダウンブローに打って、ボールの先のターフを薄く長く取る。
そうしたスイングができれば、ドライバーだろうが、
スプーンだろうが、アイアンまで上手く打てるという。
スイングをよくするキークラブが5番ウッドだったのだ。
ならば、我々アマチュアも5番ウッドを猛練習しよう!

――今回は、今田プロにフェアウェイウッドとユーティリティのショットについて、お話を伺いたいと思っています。今田プロにとってこれらのクラブは重要なものですか？

今田●14本のクラブで重要でないというものは1つもありません。どんなクラブもしっかり練習して自信をつける必要があります。このクラブは苦手だなと思っていたら、試合では必ずミスをします。すべてのクラブを上手く打てる必要がありますね。

――確かにそうでなければUSツアーで戦っていくことは難しいでしょうね。

今田●プレーヤーに恐怖心を煽るようなコースも多いですよね。ディズニーランドかと思うようなファンタスティックなコースもある。そんなコースで距離は年々伸びていますし、ラフも深くフェアウェイも狭い。グリーンも池に浮かんでいたり、ピンポジションも難しく、ジェットコースターのように速かったりもします。そんなコースでアンダーで回らなければ予選も通過しない状況です。自分のように距離の出ないプレーヤーは、すべてのクラブを駆使して攻めていけないととても戦うことはできません。

――レベルは違っても、それはアマチュアでも一緒ですよね。

今田●もちろんです。そうでなければ14本もバッグに入れる必要はないでしょう。入れている以上は使えなくっちゃ。フェアウェイウッドは苦手だと言って、飾り物のようになっているアマチユアゴルファーを見かけますが、練習して打てるようにならなくてはいけません。パー5など、パーを取るのがウンと楽になると思います。ミドルホールが長くても何とかなるでしょうし。シニアの年齢になって飛距離が落ちてきたときにも、フェアウェイウッドが打てればプレーが苦にならない。その年の人はアプローチが上手いでしょうから、フェアウェイウッドでグリーンそばまで行けば何とかなるでしょう。だからこそ、打てるようにならないといけません。

――苦手だからと使わないともっと下手になりますよね。

今田●やはり、ゴルフでは苦手なクラブがあっては、コースを満足に攻めてはいけません。あるクラブは100点のショットが打てるが、あるクラブでは30点というのではスコアはよくならないでしょう。それよりもどのクラブも70点で打てるほうがどれだけスコアアップするか。だから、練習ではまんべんなく、どんなクラブも打ち込んで、ある程度の自信をつけておくことが大切ですね。

――アマチュアへのアドバイス、本当にありがとうございます。しかし、今田プロの試合を見ていますと、すべてのクラブを使いこなせても、成績を出すのはなかなか大変なことだとUSツアーのレベルの高さに呆れてしまうほどです。予選ラウンドで2アンダーとか3アンダーとかを出しても予選カットになってしまう。傍目から見ていて、決して悪いゴルフをしていない。難しいコースを実に上手くプレーしているのに、そうなってしまう。ご自分でも嫌になってしまうのではないですか?

今田●はははっ。嫌だと思っても仕方ないですよね。現実ですもん。僕はUSツアーでプレーすることに憧れて、14歳のときにアメリカにやってきたんですから。こうしてずっとプレーできているだけでも幸せです。コースは難しいし、プレーヤーのレベルは高いけれど、まだまだ自分のゴルフのレベルを上げていけば十分に戦えると思っています。それに、そうした厳しい状況に挑んでいくこと自体が楽しいんです。

――そういったファイティングスピリッツというか、子供のように無邪気に挑戦できるところが今田プロのいいところですよね。とは言っても、パー4で500ヤード以上あって、2打で届かないとなったら、楽しくなくなってしまうんじゃないですか?

今田●ううう、厳しいことを聞きますね(笑)。僕のドライビングディスタンスは280ヤード前後で、ここ数年ほとんど同じです。これは平均飛距離ですから飛ばないと言っても日本のツアーならば決して悪くないでしょう。3番ウッドはキャリーの飛距離が245ヤードです。なので、パー4で届かないことはほとんどないのですが、それでも時々はありますね。

――計算上は500ヤードでも2打で届きますもんね。

今田●そうなんです。でも、ロスのリビエラCCで行われたノーザントラストオープンの18番のように、ドライバーも3番ウッドも会心の当たりだったのに、グリーンに遙かに届かないということもあるわけです。本当にドライバーショットはいい当たりで手応えがあったのにもかかわらず、ボールは丘を越えたすぐのところに止まっていました。そこからグリーン手前まで240ヤードだったので3番ウッドで打ち、これがまた凄いよい当たりで、乗ったかもと期待してグリーンに向かって歩いていったら、ピンまで40ヤード近くも残っていたんです。参っちゃったというより、笑っちゃいました。

――そんなことがあったわけですね。となると、やはりもっと飛距離が欲しいところですよね。

今田●もちろんそうなればいいですけどね。あと10ヤード、ドライバーでも3番ウッドでも飛べばどれだけ楽になるかと思います。でも、このリビエラのときだって、雨でぬかるんでいてランが出なかっただけで、普通のコンディションなら転がって乗っていたと思います。

――でも、そうしたことがあってもめげずに、よく頑張っているなと感心します。

今田●本当にもう少し飛距離が出るといいのですが、こればかりはそう簡単に伸びません。前に話したようにコアマッスルを鍛えていますが、飛距離は先天的なものが大きいですからね。とにかく今の力で戦っていくしかありませんね。

フェアウェイウッドこそダウンブローに打て

——'10年のときの今田プロは前半戦がよくて、1月末のファーマーズインシュランスで初日65、2日目68で首位に立ちました。3日目も首位で、結果は9位タイでしたが、サンディエゴのトーレイパインCC北コースと南コースを回って、あのスコアは素晴らしかったですよね。

今田●どちらも距離があってタフなコースですから、他の選手からも誉められました。ショートゲームが冴えて、「リュージのウェッジは溝のルールに適合した新しいものか？」と言われたりしてね(笑)。僕のウェッジは新しい溝になってもフェアウェイからならスピンは以前とまったく変わらない。グリーンでバックスピンがかかるので驚くぐらいでした。ラフはフライヤーするので気をつけなければならないけど、この試合でもピンにぴったりと寄りましたね。

——2日間ボギーなしでしたものね。ショートゲームもそうですが、ショットもよかったのではないですか？

今田●フェアウェイウッドもよかったし、アイアンも切れていましたね。パー5ではセカンドショットで3番ウッドを使う場合、グリーンのそばまで行けば、そこからはピンに寄せられると思っています。だから案外気楽に打てるのがいいのではないでしょうか？　アマチュアの皆さんも

2オンしてイーグルなんて思うから緊張してミスをするのではないでしょうか？　グリーンのそばまで行けばいいと思って、固くならずにパーンと練習の気持ちで打ってしまえばいいと思います。

——なるほど。それがフェアウェイウッドを上手く打つ秘訣の1つかもしれません。

今田●では、ここで、僕なりのフェアウェイウッドの打ち方をお教えしましょうか。

——ぜひともお願いします。

今田●それは、と言っても大したことがあるわけではないのですが、普通に打つということなんです。フェアウェイウッドだから特別なことをする必要はないということです。

——と言いますと。

今田●フェウェイウッドはウッドだからと皆さんはドライバー的にとらえてしまっているのではないでしょうか。ところが、ドライバーはティアップして打ち、フェアウェイウッドは地面から打ちます。地面から打つのに、ドライバー的に打とうとすれば、アッパーブローのスイングになりやすいので、上手く打てません。地面から打つのであれば、アイアン的に打てばいいんです。つまり上からダウンブローに打つ。そうすれば上手く打てます。

——つまり、普通に打つとは、アイアンショットのように打つということなんですね。

今田●その通りです。僕はそうしています。だから、ボールに直接ヘッドをコンタクトしてから、ターフを打つことになります。実は僕はドライバーでもそういうつもりで打っています。だから調子がよければティアップしていてもティが飛ぶことはありません。ボールだけを打ちます。ボールを打ってから先の芝を削るつもりの感覚で打っています。そのほうがドライバーショットも曲がることなく安定した球筋で打てるからです。ドライバーで直接地面から打つ「直ドラ」だってしっかりと打てます。ですから僕の場合はスイングは1つで、ドライバーもアイアンもありません。でもアマチュアの皆さんにはアイアンのようにダウンブローに打てと言ったほうがいいと思ってそう言いました。

——なるほど。となれば、ドライバーで「直ドラ」が打てるように練習すれば、ドライバーもフェアウェイウッドも上手く打てることになりますね。

今田●気がつきましたか。そうなんです。ぜひトライして欲しいです。

——と言ってもどうしたらダウンブローに打てるのでしょう。フェアウェイウッドはソールが広いのだから、そのソールを滑らすように打てと言われますが……。

今田●きっとその教えが、かえってミスショットを招いているのではないですか?

——と言いますと。

今田●滑らすように打とうとすれば、打ち込まないので、トップなどのミスが出てしまうのではないでしょうか。アイアンのようにボールを直接打ってから先の芝を取るというダウンブローに打てばしっかりとしたショットになりますよ。とは言っても、アイアンのようにターフは深く掘れませんが、それで構いません。ボールの先のターフが薄く長く取れるように打つことです。

——我々アマチュアでフェアウェイウッドが苦手な人は、すくい打つように打ってトップやダフりのミスが出ていると思います。

今田●ドライバーのようにボールを打とうというわけでしょう。でも地面から打つのですから、すくい打つといってもできるはずがありません。クラブは地面の下からは出てこないのですから。

——そうですよねえ。

今田●フェアウェイウッドだけでなく、アイアンショットが苦手な人もすくい打とうとして失敗しているのではないでしょうか。特にロフトの立っているロングアイアンなんかはそうでしょう。

——確かにそうだと思います。フェアウェイウッドもロングアイアンもロフトが立っているからボールが上がらない気がしてしまうんです。だから余計にすくい打ってしまうのだと思います。

今田●そうでしょうね。それがそもそもの間違いの始まりです。ボールは上から下に打ってこそスピンがかかって上がります。立っているといってもロフトはあるので、ボールは上がってくれるのです。それを下から上に打ってはダフるかトップするばかりです。

――では、もっと具体的にダウンブローに打つにはどうすればいいでしょうか？

今田●僕の場合は、ボールはあまり左足寄りにせず、スタンスの真ん中でもいいぐらいで、ハンドファーストに構えます。体重はドライバーショットのときと同じで、左足6、右足4という割合にします。ドライバーショットのときは、バックスイングで右足に体重を移動し、トップでは左足4、右足6の体重にしますが、そこまで体重移動せずに5対5でもいいと思いますし、アドレスの6対4のままでもいいです。そうすると、上から下に打ちやすくなるからです。

――本当にアイアンで打つ感じに近いですね。

今田●そうでしょう。それでアドレスができたら、バックスイングですが、これは大きくバックスイングせずにコンパクトにしたいです。というのも、体重移動が大きくなり、右膝が伸びたり動いたりしやすいからです。フェアウェイウッドは飛ばすことよりも正確に打つことに重点を置きたいためです。また、ダウンスイングからインパクトにかけて、体が起き上がってしまわないようにします。ボールをヒットするまでは胸をボールに向けておくこと。こうしてしっかりとボールにヘッドを打ち込んでやる。それから振り上げていけばよいというわけです。慌てて振り上げる必要はありません。前傾姿勢を保ったまましっかりとボールを打ち抜いてやるのです。そうすれば強く美しいショットになりますよ。

――私たちアマチュアには特に難しいと思える3番ウッドでも、今田プロはそうした素晴らしいショットでグリーンオンさせるのをしばしば目にします。'10年には7位タイとなったアーノルド・パーマー招待でも、初日に67、2日目に66であがったザ・プレーヤーズ選手権でも目撃しました。

今田●アーノルド・パーマーでは池の多いベイヒルCCでいいプレーができました。ザ・プレーヤーズはPGAツアーでは最も難しいコースの1つであるTPCソーグラスでよいスコアで回れたので嬉しかったですね。あの試合では予選の2日間はパットがもの凄く入りました。うねったグリーンを2日目は23パットでしたから。チップやロブも上手く打ててOKに寄せることもしばしばでした。4番のパー5は第2打を3番ウッドで打ってグリーン手前。そこからピッチングウエッジで寄せて4mを沈めましたから。さっきも言ったように、3番ウッドではグリーンに乗らなくてもそばに行くだけでいいわけです。

――あの日のラウンドは今田プロも自分から「マイ・デイ・ワズ・グレート」と記者会見で言っていました。

今田●でも、決勝の3日目で前日より10打も多い76も打ってしまって。すっかり応援してくれている人の期待を裏切ってしまいました。やはり、2勝目を早くしたいという気持ちがあるからでしょうかね。最終日は3日目を取り返そうとして無理をして、77。ガックリ来ちゃいましたが、優勝を目指して戦っているので、これからもチャレンジ精神を失わないで頑張っていきたいと思っています。

――今田プロのカッコよさは攻撃的ゴルフにあります。ミスを恐れずにどんどん攻めていく小気味よさが魅力ですから、これからもその姿勢を崩さずにプレーして欲しい。そこで3番ウッドなのですが、グリーンを狙う場合はどんなときですか?

今田●先程も言いましたが、3番ウッドのキャリーが245ヤードなので、そこに池やバンカーがない場合は思い切っていきますね。普通のコンディションなら、ランが10～15ヤード出ると考えているので、ピンまで260～270ヤードならぴったりですね。

――それ以上の場合はどうするんですか?

今田●飛距離の出る打ち方をします。トップから切り返してハーフウェイダウン、つまり左腕が地面と平行になるときから、フィニッシュまでのスピードをアップします。こうしていつもよりヘッドスピードを2～3㍍/sアップしてグリーンに届かせます。大事なポイントは飛ばしたいときは強く打つのではなく、体を速く回すようにするということです。

――なるほど。それも腕を速く振るのではなく、体を速く回すということがポイントですね。

今田●そうです。腕を速く振ろうとするとボールが曲がりますからね。あくまでボディターンを速くすることです。また、トップから思い切り振ろうとするのもミスを招きやすいですね。トップでは力まず、ハーフウェイダウンしたところから速く振るのがコツです。もちろん、アドレスで飛ばそうとして力んではダメです。構えはゆったりして、肩も腕の力も抜くこと。飛ばそうとするのではなく飛ばせるスイングをすることです。

――それが飛ばしの極意ですね。

今田●あとはフックをかけてランを多くしてグリーンに乗せる方法を採るときもあります。フェースを少しクローズにして、右から回して転がし上げる。この方法なら、砲台グリーンでも乗せることができます。

――3番ウッドで高い球や低い球の打ち分けもしますか？

今田●しますよ。高い球を打ちたいときはボール位置をやや左寄りにして手首のリリースを少し早めます。アゲンストの風のときとか低い球を打ちたいときは、ボールを少し右足寄りに置いて手首をリリースせずに打ちます。

――高等技術ですね。

今田●そんなに難しいテクニックではないですよ。さっき言った距離を出す打ち方とともにやってみてください。きっとできると思いますよ。

――ボールの落下地点に池やバンカーがあるときは刻むことになると思いますが、残り距離をウエッジのフルショットの地点にすることはありますか？

今田●僕はアプローチが得意なので、そこまで刻むことはありません。なるべくグリーンのそばまで行けたほうがよりピンに寄せられると思っていますので。

――そう言えば優勝したAT&Tでも勝負のかかった18番ホールのセカンドは3番ウッドでしたよね。完璧なショットでした。緊張する状況でグリーン手前が池だったのに、難しい3番ウッドを完璧に打てるなんて凄いと思いました。

今田●あのときはフェアウェイでしたからね。その前の年も優勝がかかっていたのですが、そのときはラフから3番ウッドを使って池に入れましたから(笑)。

――そうでしたね。でも今田プロはまったく後悔してなかった。刻むことなんてまったく考えてなかった。優勝するには攻撃精神がなければ叶わないということを教えてもらいました。

今田●ははは。でも、とっても悔しかったです。

ラフからなら5番ウッド。グリーンを狙うクラブ

――では、5番ウッドに話を移したいと思います。5番ウッドはどのようなときに使うのですか?

今田●5番ウッドも3番ウッドと同じでもう5年くらい同じクラブを使ってます。僕はクラブを替えないほうなんですよね。それでその5番ウッドですが、キャリーは230ヤード。なので3番ウッドと同じように、その距離に池やバンカーがあれば使いません。ただし、3番ウッドと違うのは、5番ウッドでは高く柔らかい球を打って、グリーンに乗せることを前提として使っているということです。スピンも効いているので、グリーンにキャリーでオンして止めるというイメージで打ちます。

――ロングアイアンで打つところを5番ウッドで打つということもありますか?

今田●ロングアイアンよりも明らかにボールが止まってくれますので、とても大事なクラブですね。それにラフからも、ロングアイアンより5番ウッドなら遙かに上手く打てますので重宝します。ラフが長くても使えますからね。

――そうなんですか? 昔から「ラフと女は金（鉄）を使え!」なんて言いますけど、ウッドの

ほうがいいんですね。

今田●それは、ロングアイアンやミドルアイアンよりも上手く出るという意味ですね。7番アイアンならラフでも上手く打てますね。それとウッドといっても3番ウッドは深いラフに入ったときには上手く打てません。レイアップするほうがベターでしょうね。

——なるほど。それにしても、ラフで5番ウッドが使えるなら、ある程度ドライバーを思い切って振れますね。では、ラフからの打ち方を教えてもらえますか?

今田●まずはクラブを短く持つことです。芝の抵抗に負けないためです。そして、スタンスを足の幅1つ分くらいは広げて重心を下げます。土台をしっかり作るわけです。そして、ボールの手前の芝ごと打ち抜いてやるのです。とはいってもフィニッシュまで振り切る必要はありません。フォローで終わりのスイングでいいです。こうして打つと上手くラフから出て、低いライナーで転がる球となります。そうそう、ここではボールは上がらないです。キャリーがいつもより出ない代わりにランが出ることを計算して打ちます。

——ボールの手前の芝ごと打つというのがポイントですね。

今田●そうです。ボールを直接打ったら出るものも出ません。手前からザッと打ってしまうのです。ラフから打とうとすると力が必要と勘違いして力んでしまう人がいますが、これは失敗のもと。ヘッドが走れば十分なパワーがありますので、自然に振るだけで上手く打てます。力ではなくスイングで打つことです。それとフェアウェイからと一緒ですが、決してボールを上げようとしないこと。ダウンブローに打ち抜いていくことです。

——わかりました。これまではラフに入るとアイアンを使っていましたが、今度はウッドを使ってみます。

今田●5番で不安な人は7番ウッドを使うといいと思います。ロフトがさらについている分、楽に脱出できると思います。それと、僕は3番ウッドでも5番ウッドでもフェアウェイバンカーからも使います。これはバンカーの壁を超えられる高さであり、ボールのライが沈んでいない場合に限りますが、打てる場合はレイアップはやりません。

——我々アマチュアには難しそうですが。

今田●そんなことはありませんよ。足場が少し悪いので、スタンスを広くして少し腰を落とします。クラブも短く持ちます。アドレスでの体重配分、左足6、右足4をそのまま変えずにダウンブローで打ち抜きます。ハンドファーストに構えて、フェースでボールを押しつぶすような感覚でダウンブローに打てば、必ず上手く打てますよ。ボールの先の砂を削るぐらいのつもりで打ってみましょう。

――ありがとうございます。これもぜひトライしてみたいと思います。

今田●それと5番ウッドで話しておきたいこととして、僕はこのクラブをもの凄く練習しているということです。というか、このクラブでスイングの基本を作ったり、調整をしたりしているということです。なぜなら、アイアンとドライバーの中間のクラブだと思っているからです。ですからこの5番ウッドが上手く打てていれば、すべてのクラブが上手く打てると考えているのです。5番ウッドでターフが薄く長く取れていれば、ドライバーではレベルブローに打てるし、アイアンはダウンブローにしっかりとヒットできることになります。

――5番ウッドを練習の中心に据えるというわけですね。

今田●それもボールを上げたり低い弾道で打ったり、スライスやフックなども打ちますね。基本ができたら応用もこの5番ウッドでやります。5番ウッドを自由に打ててグリーンをとらえることができれば、アイアンでは楽にグリーンをとらえることができますので。

――5番ウッドは今田プロの調子のバロメーターでもあるわけですね。

今田●アドレスでの体重のかけ方や体重移動の仕方。腕の振りやスイングプレーン。トップでの切り返しのリズムなど、5番ウッドで調整します。皆さんもやってみてはどうでしょうか。

3番アイアンの代わりにユーティリティで攻撃ゴルフ

――さっそく猛練習してみたいと思います。では最後にユーティリティに関して聞きたいと思います。今田プロはユーティリティをどんなときに使ってますか?

今田●ユーティリティはアメリカではハイブリッドと呼んでいますが、僕の場合、3番アイアンの代わりに使います。キャリーの距離は210ヤードです。3番アイアンよりもラフから打ちやすく、勢いのある高い球でピンを目がけて打てます。ただ、5番ウッドのように柔らかくスピンの効いたボールではないので、ランが出ることを計算して打ちます。風があるときなどはユーティリティが風に負けずに飛んでくれるのでいいですね。ホットなショットが打てます。

――打ち方自体はどうですか?

今田●フェアウェイウッドと変わらないし、アイアンとも変わらない。大体、僕はドライバーからショートアイアンまでスイングは変わりません。ただし、ユーティリティは見た目もシャフトの短さもアイアンに近いですよね。アイアンだと思うとやさしいクラブという気がします。なのでアイアンの代わりにセッティングするわけです。

――となれば、もうグリーンに乗せたいという気持ちで使いますよね。7番ウッドでなくてユーティリティをセッティングしているのは、アイアンのつもりでグリーンを狙おうということですよね。

今田●そうなります。なので、アイアンと同じようにグリーンが縦に長いとか、花道が狭いとか、落としどころが極端に狭いときはユーティリティでスティンガーショットを行います。

――スティンガーというと、よくタイガー・ウッズがやるライン出しのショットですよね。日本で言うパンチショットのイメージですよね。

今田●要は狙い撃ちです。よりダウンブローにボールをとらえて、アームローテーションもリストターンもしないで打ちます。ターゲットまでのラインを頭の中に描いて、そのラインをなぞるようにボールを飛ばしてやるショットです。低めの強い弾道で、曲がりを極力抑えたショットですね。

――打ち方をぜひ教えてください。

今田●ボールはスタンスの真ん中です。体重はいつもより左足に多く乗せて、左足7、右足3の体重配分です。頭の位置はボールの真上にし、バックスイングではコッキングを早めにし、トップではそのコックをキープして一気にボールを上から叩きつける。ボールを上から潰すようにヒットするのです。フォローはボディターンのみでお終い。フィニッシュまでは振らずに、あくまで飛球線に沿って打ち出すことです。

――スティンガーはザック・ジョンソンが得意としているショットですよね。やれたら格好いいですね。

今田●ディボットからでも打てますからね。ジャックはどんなショットもスティンガーで打つけど、それはアイアンでもフックしてしまうのが嫌なんでしょう。それはスイングが悪いからで、きちんとスイングを基本通りにできればそんな必要はないと思います。僕がスティンガーをするときは特殊な場合だけです。やはり、普通はノーマルスイングでショットしていくほうが安定感があると思います。

――フェアウェイウッドやユーティリティをノーマルスイングで上手く打てないアマチュアが、スティンガーまでやろうとするのは愚の骨頂ですね。まずはノーマルスイングでナイスショットとなる練習をたっぷりと積むことですね。

今田●でも遊びのつもりでスティンガーの練習もしてみてください。練習が楽しくなりますよ。

――格好いいので、ぜひやってみたいです。ありがとうございました。

PART 3

勝負のアイアンショット

「アイアンは短く持ってコンパクトに打つ！自分の適正飛距離をしっかり把握する」

アイアンはグリーンを狙うショット。バーディチャンスにも付けたいがボギーにもしたくない。

その両方を考えながらしっかりとしたショットを打っていかなくてはならない。

肋骨にひびが入り、予選落ちが続く苦しいシーズンを、
最後の最後に優勝争いをしてシードを確保した今田プロ。

世界一流選手が集うUSツアーを凌ぎ切る、アイアンショットの考え方や打ち方を聞く。

――今田プロの2010年が終わりました。シーズンが始まった頃は好調でしたよね。1月末のファーマーズインシュランスオープンでは9位タイ、3月末のアーノルド・パーマー招待では7位タイ。'08年にツアー初優勝を遂げながら、'09年はシードぎりぎりの不本意なシーズンだったので、'10年は意気込みが違うなと思っていました。

今田●それなのに、またしても最後までシードが危ない状況になってしまいました。

――5月末から10月初旬までの14試合で、予選落ちが10試合もあれば仕方ないですよね。

今田●本当に参りました。実は2月に右の肋骨にひびが入っていたことがわかったのです。痛いなと思っていたのですが、試合があったので出場していたわけで、病院で判明してからは3週間、完全に休みました。ドクターからは練習もストップさせられていました。パーマー招待ではよかったのですが、その後も2週間休みまして、それ以後は痛みを抱えながらの参戦でした。

――ひびというのはやっかいですね。完全に治るのには時間がかかりますよね。クラブを振れるぐらいの痛さなら試合に出てしまいますからね。

今田●そうなんです。練習ができるぐらいなら試合に出ますよね。でも体をかばううちにスイングが悪くなってしまった。自分のスイングが信用できなくなってしまったんです。それも予選落ちが続いて自信まで消失してしまった。

――日本のファンはやきもきしていましたよ。今田プロはどうなったのかと。

今田●こちらも何とかなるものなら何とかしたいのですが、体はよくなっても調子がさっぱり戻らない。自分のスイングってどんなだったのかさえわからなくなってしまったんです。試合に行っても毎回予選落ちでは気分も沈みっぱなしです。

――でも、1打とか、ほんの数打での予選落ちが続きましたよね。

今田●そうなると運も悪いほうに流れてしまいますしね。でも結局は自分のスイングを取り戻して、自信を回復させるしかないわけですね。それで普通なら10月からはシーズンオフに入るわけですが、急遽秋のフォールシリーズに参戦することにしました。この連戦で成績が出なかったら5年間維持してきたシードを失います。絶体絶命のピンチでしたね。

――コーチのリチャード(・エイブル)にスイングを見てもらったそうですね。

今田●ええ。リッチーが言うにはスイング中に頭が動いていると。それでショットの正確性を欠いてしまうというわけです。なので、それを徹底的に矯正しました。そうしたところ、当たりが戻ってきました。

――そうしたら、フォールシリーズの3戦目に当たるフライズドットコムオープンで6位タイに入った。凄いですよね。

今田●そうなんですが、最初の2戦はともに予選落ちでしたから、必死でした。でもよい予感はありましたね。

――初日は65で2位タイスタート。2日目は67で、3日目69と優勝争いを演じました。

今田●3日目が終わったときには勝てるかもしれないと思いました。それほど、ショットもパットも好調でした。最終日は攻めた結果ですから仕方がないですが、悔しかったですね。

――でも、今田プロは体がよくなって調子が出れば優勝争いができる実力があるということですね。というのも、その次の週のジャスティンティンバーレイクでも68・62・70・66で8位タイと素晴らしい成績でした。特に2日目の62はツアーでの自己最少スコア。それもこの試合でのレコードに1打届かなかったという快スコアです。

今田●フライズドットコムで6位タイとなってシードが確保できたので、この試合はのびのびとプレーできました。それにコースが短めでロングヒッターでない僕にはチャンスがあります。しかも僕が大好きなベントグリーンだったのです。

――フライズドットコムもベントグリーンでパットが好調だったそうですね。

今田●僕は14歳のときに日本からフロリダに渡ってゴルフ修行をしたわけですが、フロリダのバミューダグリーンが好きじゃないんです。正確にストロークしても妙な芝目があって思わぬ方向に転がったり曲がったりするでしょう。でもベントグリーンなら思ったように転がってくれる。だから好きなんです。ラインも読みやすいし、そのラインにきちんと転がすことができる。ラインに乗せやすいんです。なので、62というビッグスコアも出たんです。

――この試合のあとで'10年の部門別のランキングを見ると、1ラウンドの平均パット数が28・40で7位になっています。しかも10〜15フィートの入れ頃外し頃の距離は6位です。アメリカのジャーナリストも「今田選手はグレートパターの持ち主だ」と再認識したようですね。しかも、この62を出した2日目は28ヤードのバンカーショットを沈めてイーグルを奪っている。これもアメリカのジャーナリストは「今田選手はサンドセーブも素晴らしいことを覚えておいて欲しい」と言っています。確かにサンドセーブ部門も57・94%で16位と好ランクです。

今田●この日はグリーンが柔らかくて、ボールがよく止まりました。それも僕を大いに助けてくれたんです。いつもこうしたコースとコンディションならいいんですけれどね。

球を上げようとせず、ダウンブローを心がける

――さて、グリーンに乗せる話が出ましたので、今回のテーマであるアイアンショットについて

話を聞かせてもらいたいと思います。先ほどの今田プロの話を聞いていると、短いコースで短いアイアンでグリーンが狙えると嬉しいようですね。

今田●もちろんです。ピンを狙って打てますから。バーディチャンスにオンできれば楽しいじゃないですか？　それが長いコースだとロングアイアンでグリーンを狙うことが多くなりますから、乗せるだけでも精一杯になってしまう。グリーンまで距離があれば、少しのミスでも曲がり幅が大きくなりますから。変なライなら余計にロングアイアンを使うのは嫌ですね。

――長いホールで花道がなく、グリーン手前が池のようなホールも嫌ですよね。

今田●ロングヒッターなら2打目を短いアイアンで打てるので、そういったホールでも球が止められるので攻められますよね。それを僕ら飛ばない人間はいくら正確に打ててもロングアイアンでは球が止まらなくて、直接グリーンに落とすことさえできないわけですから。

――となれば、ロングアイアンでも球を上げて止められないといけないですよね。

今田●その通りなんです。そこでここ数年、高い球を打てるようにしたのですが、方向性が悪くなってしまって、距離感も合わなくなってしまったんです。

――アッパーブローの弊害ですね。

今田●そうだと思います。もともと、僕の球筋は低いんです。ダウンブローでしっかりとターフを取っていく打ち方なんです。それを球を上げたいとアッパーブローにして元々の自分のスイングを悪くしてしまったのだと思います。それに考えてみれば、ダウンブローの低い球はスピンが効いてグリーンに止まりますが、アッパースイングの球は高く上がってもスピンが効いてないので転がってしまう。それで高い球を打つのはやめにしました。

——アマチュアでも球を上げようとするとダフりやトップなどのミスが出やすくなります。やはりアイアンはダウンブローが基本ですね。ただ、ロングアイアンではスピンが効いても低い球だとやはり止まりにくいでしょう。丸山茂樹プロも高い球を打ちたいと言っていました。

今田●もちろん、上げたいのは上げたいです。それで真っ直ぐ飛んで止まればそれが一番です。でも、そう簡単じゃない。僕は低い球を打つのが得意だし、低い球が好きなんです。高い球は得意じゃないし、好きでもないってことがはっきりとわかりました。それを必要だからと無理に高い球を打とうとするからおかしくなったと思うんです。スイングが悪くなってしまったんです。

——人間、戦うなら得意なことをやっていくほうがいいですよね。

今田●そう思い知らされました。それで、4番アイアンとともに、3番のユーティリティを入れることにしました。ライが悪いときや左足下がり、砲台グリーンや池が手前にあるときには3番のユーティリティを使います。逆にアゲンストの風のときや手前から転がしていきたいときは、

4番アイアンを使いますね。

——つまりは、スイングは変えずにクラブを替える方法を採ったわけですね。

今田●そうなのです。それでも僕ら飛ばない人間からすれば、ロングヒッターは有利です。ショートアイアンでグリーンが狙えればそれに越したことはないですから。

——ショートアイアンならば球を上げて止められるのでいいですよね。

今田●そうなのですが、球を上げるという点では、僕の場合は、ショートアイアンのほうが低く打とうというイメージがあるんです。もちろんショートアイアンはロフトがあるので自然に球は上がりますが、僕は敢えて抑えて打ちます。そのほうが方向性もいいし、スピンもかかります。距離感も出しやすいんです。

——なるほど。そうなると、ロングアイアンの低い球でも、もっとスピンが効いて止まるクラブが開発されるといいですね。

今田●もちろんそうですが、アイアンの溝のルールも変わって、スピンはかかりにくい方向になっていますので、難しいでしょうね。ロングヒッターが益々有利になる現状なんです。

——溝のルールはスピンがかかりにくくなるから、技術力が必要になるということでしたが、パワーヒッターが有利になってしまうのでは本末転倒ですね。今田プロの技術力でパワーのある大男たちを倒して欲しいのです。

今田●僕の場合はアプローチなどのショートゲームで対抗するしかないですね。長いホールでグリーンに止まらないなと思うときには、パーを拾えるところに外しています。それでチップインバーディが取れれば最高ですね。ちょっと自虐的かなあ。

——チップインはビッグドライブ以上にエキサイトするショットですから、ぜひ、62を出したときのようにバンカーからでも直接放り込んでください。

クラブで弱点を補いたいが、信頼できることが大事

——今田プロはクラブを替えませんが、今使っているアイアンもずっと同じですよね。

今田●ブレードのアイアンからキャビティに替えてからずっと使っています。とはいえ、溝が減れば新しいものに取り替えます。それまでのブレードのアイアンは打感がよくてラフからの対応力もありました。でもキャビティのアイアンはロフトが立っている分、距離が出ますし、フェアウェイからは多少打ちやすいというメリットがあります。スピンに関してはどちらも変わりませんね。

――フォージド(鍛造)ですか、キャスト(鋳造)ですか?

今田●たぶんフォージドじゃないですかねえ(笑)。今までフォージドしか使ってきていないのでそうだと思うんです。打ってよかったから替えたのですけど、クラブのことはほんとに無知なものでというか、フォージドかキャストかということにも関心がないんですね。

――打ってみて、よいかどうかですもんね。新しいモデルは試さないんですか?

今田●試しますよ。でも自分から試そうということはありませんね。担当者が僕の好みを知っているので、合いそうだなというものを持ってきてくれるので、それを試すぐらいです。全部は試しませんね。それに、僕は構えた感じとか打った感じとかが少しでも違うと嫌なので、なかなか替える気にはなりません。

――違和感があったら使えませんよね。

今田●でもそれが叶えられて、さらに飛距離が出て方向性がよくて、ボールが上がってくれてグリーンに止まるアイアンがあれば替えるでしょうね。しかも距離がぴったり合うアイアンであれば(笑)。

――なるほど。

今田●とはいえ、今のキャビティアイアンは僕にとって理想的なアイアンですね。僕の好みの小

ぶりなヘッドですし、ラフからでもフェアウェイからも上手く打てます。そうでないアイアンは使えません。あとはトップブレードが薄く見えるもので、グースが大きくないものがいいです。ブレードのイメージが好きというか、子供の頃からそういうアイアンしか使ってきていないからかもしれません。

――素材や製法が進化して、ドライバーもアイアンもヘッドが大きくなってスイートエリアが広くなり、ある程度ミスしてもナイスショットになるクラブが主流になっているのに、今田プロはそうしたクラブは好きではないんですね。やはりそれらはアマチュア用なんでしょうね。

今田●でも、そうしたクラブを使うプロもいるわけで、人それぞれでしょうね。僕はコンサバティブなんでしょう。それに、最終的にはクラブではなくて自分が問題だと考えているんです。やはり、自分のスイングをよくして体も鍛えて、飛距離も伸ばして方向性もよくしていくことでしょうね。先程も話したように、球を上げようとして方向性を悪くしたので、自分のスイングは変えずに進化していくことを考えていかねばならないと今は思っています。

風やライに対して、自然に打つことがミスを少なくする

——アイアンはグリーンやピンを狙うクラブですが、打つ前に何をチェックしますか?

今田●まずはピンまでぴったりの距離を知ります。次にグリーン周りの状況とピンの周りの傾斜です。どこに落とすとピンに寄りやすいかを把握します。ピンの周りの傾斜は打つ地点からでは判断ができないこともあるので、練習ラウンドのときにグリーンの細かい傾斜を見ておきます。

——なるほど。グリーンのチェックはパッティングのためだけかと思っていましたが、その前のショットにも及びますね。

今田●もちろんです。よいショットを打ったのにボールがピンから離れてしまっては悲しいじゃないですか。そうならないように事前のチェックは大切です。それにアプローチするにも傾斜を知っておけば寄りやすい。そうでなければパーが拾えません。

——グリーンの傾斜はヤーデージブックに書き留めるのですか?

今田●どこにボールを落とすと、どういうふうにボールが転がるかを書いておきます。初めてプレーするときにもヤーデージブックを持ってラウンドしますね。アマチュアの方もそうやって自分のヤーデージブックを作っていくといいですよ。

——確かにそうですね。ホームコースがある人でさえそうしたことをしている人は少ないでしょうから、自分のヤーデージブックを作っておくべきですよね。

今田●そうすればグリーンの読み間違えも少なくなるでしょうから、スコアは随分と違ってくると思いますね。

——グリーンを狙うショットはフロントセオリーというか、ピンの手前めにしますか？

今田●そんなことはないですね。下に付けたから簡単というわけではないです。下に付け過ぎて凄い上りを打つこともあります。それに僕は下りのパットのほうが得意なんです。ラインに乗りやすいんです。ひどい下りでない限りはですけれど。

——なるほど。では、グリーンやピンを狙う場合に気をつけるべきことはありますか？

今田●打ってはいけないところを見極めることですね。打ちたいところばかりを見ていると、トラブルになるところが見えなくなってしまいます。なので、しっかり注意しておくことが肝心です。ピンのサイドがOBや崖ならば、ピンの逆側に打つようにしたほうがいいですし、ピンの手前がまずければショートしないように奥めに打つとか考えます。最終日はグリーンの左奥にピンを切る場合が多いのですが、さらにその左奥に行かないように気をつけています。危険が待ち受けていますので、それを見破らないといけない。そうしてピンより2、3ヤード右を向いて打つわけです。もちろん、バーディは欲しいですが、リスクの少ない攻め方をしていくことが肝心なんです。

――横風が吹いているときはどう対処しますか？　風に喧嘩させるのではなくて、流されるほうがいいと以前は言っていましたよね。

今田●実際には風にどれだけ流されるのかわかりにくいので、風と喧嘩させるほうがいいとは思います。球も止まりますからね。ですから、僕も風と喧嘩させるときがありますが、実際はミスしたときにケガが大きくなるのでなるべくしません。なぜなら例えば右から風が吹いていたとして喧嘩をさせるのならフェードを打たなければなりませんが、フェードが出なかったら大きく左に流されてしまいます。それを風に流されてもいいと右に打っておけばそこまでのケガはありません。上手い人は曲げる打ち方を選ぶのでしょうが、僕のような下手な人間はコースを広く使うほうがいいですね。

――それは傾斜のライからの場合も同様ですか？

今田●傾斜のライではボールは曲がりますが、僕はそれを真っ直ぐに打とうとはしません。上手い人はそれができるのでしょうが、ミスしたときのケガが大きいので、どれくらい曲がるかを考えてそこに打ちます。そのほうがミスショットの確率が低くなるからです。

ラフからもダウンブローに打ってスピンをかける

――ラフからはどうやって打ちますか？

今田●ラフの深さにもよりますが、基本的には打ち込みます。そのほうがスピンがかかるのでフライヤーが出にくいし、グリーンに止まりやすい。とは言ってもラフからはランが出ると考えて手前から転がして乗せるイメージを持ちます。

――芝によっても違いますか？

今田●日本の芝は順目に刈ってあって浮いていることも多いのでフライヤーになりやすいですね。アメリカの芝は葉が立っているので沈みやすいですが、これもフライヤーになりにくいように打ち込んで、クラブフェースにボールをヒットさせます。フェースとボールの間に芝が挟まるとスピンがかからずにフライヤーになりやすいので、できるだけそうならないように打ちます。また、湿った芝はフライヤーになりにくいし、乾いているときはフライヤーになりやすいので、そうしたことも考慮します。

――フェアウェイバンカーに入った場合はどう打ちますか？

今田●まずは何番ならあごを越せるかを確かめます。そこからピンまでの距離を考えます。アゴが越せないと思ったら届かなくても仕方がないと諦めます。

——例えば6番アイアンならアゴを越えるのにギリギリで、7番だとアゴは楽にクリアできてもピンまで届かないとしたら、どの番手にします?

今田●6番アイアンを持って少しフェースを開いて打ちますね。で、もしアゴを越えるのに8番でなければならず、グリーンまでも届かないのであれば、何番を持っても同じなので確実性を考えて9番を使ったりもしますね。無理することはありませんからね。

——アマチュアはフェアウェイバンカーが苦手ですが、どうしたらよいでしょう?

今田●まずは大振りしないことですね。それでアゴが低くて砂に沈んでなければ薄めにヒットします。フェアウェイバンカーからのショットではダフるよりもトップ気味に打ったほうが距離が出ますからね。

——ディボットに入ってしまったときはどうでしょうか? 心境は?

今田●最悪! でも、そう言っていても仕方がないので、ボールを右足寄りに置いて打ち込みます。ボールがディボットの左にあるときはそれほど打ち込まなくてもいいけれど、右端にあるときは思いっ切り右足寄りに置いて上から打ち込みます。どちらにしても手前の砂や芝を打たないようにします。また、右足寄りに置くとインパクトでフェースが被りやすいのでそうならないようにフォロースルーを取っていくことも大切ですね。手首を返さずにフェースの向きを保ったまま振り抜いていきます。ディボットはフェアウェイバンカーとは違ってどれだけ低い球でもいいわけですから、そう思って打てば上手くいくと思います。

――ディボットに入る回数は多いですか?

今田●年間に30回は入りますね。1試合で1回は入りますし、2、3回は入ることもあります。入らないときは4、5週間入らないけれど、入るときは1試合で5、6回入るときもあります。

――結構入りますね。

今田●プロは飛距離も同じぐらいだし、狙うところも似ているので、ディボットに入りやすいのでしょうね。

――では、番手と番手の中間の距離が残ったときにはどうしますか? 例えば6番アイアンでは大きくて、7番アイアンではショートするというときは?

今田●基本的には飛ばそうとすると曲がるので、6番アイアンを持ちます。ただし、大きいと思って力を抜くとこれまたミスしますので、グリップを5㎝ほど余るぐらい短く握ってノーマルに打ちます。ただし、手前にピンが切ってあって、バンカー越えの場合などでは7番アイアンを持ってボディターンのスピードを上げて距離を出します。力を入れたり手を速く振ろうとするとミスするので、あくまで腰を速く回すイメージです。ピンが奥なら6番アイアンを短く持って打ちますね。

——ピンが左右に振ってある場合はどうでしょう？

今田●ピンが右端なら6番アイアンでフェースを開いてフェードを打ちます。左端なら7番アイアンでフェースを閉じ気味にしてドローを打ちますね。

普通に打ったときのキャリーとランの距離を知る

——最後にアイアンが苦手なアマチュアにアドバイスをしてもらいたいのですが、アイアンでミスをする一番の原因はなんだと思いますか？

今田●距離を出そうとしていることだと思います。長く持って大振りしているとミスが出やすいですよね。短く持ってコンパクトに振ること。距離は落ちるかもしれませんが、よい結果につながると思います。

——その通りですね。

今田●力んで打つのもミスにつながりますよね。だから、手や腕に力を入れずに、リラックスして振ってやる。アイアンは距離を打ち分けるクラブで、飛ばすクラブではないわけですから。

――そもそもそれがわかっていないのですね。

今田●クラブを短めに持って、コンパクトに振る。それでしっかりとヒットする。そしてそのときの距離をきちんと把握することです。最も飛んだ飛距離ではなく、普通に打ったときの平均飛距離を知らなくてはいけません。いろいろ話しましたが、まずはそれを把握してゲームを組み立てるのですから。

――アマチュアはアイアンでも一番飛んだときの距離を自分の飛距離だと思っている節がありますね。

今田●それではコースを上手く攻めることはできないでしょう。それもキャリーとランの距離を知らなければ、グリーンをショートしたりオーバーしてトラブルに巻き込まれることも多いと思いますよ。

――今田プロのアイアンの飛距離を教えてください。

今田●無風で平らな状況でキャリーが、4番アイアンで205ヤード、5番が195ヤード、6番が185ヤード、7番が170ヤード、8番が160ヤード、9番が148ヤード、PWが128ヤードです。

――10ヤード単位かと思ったら、1ヤードずつの把握がなされているんですね。

今田●本当は10ヤード刻みにロフトを合わせたほうがわかりやすいのですけれど、とにかくは自分のアイアンの飛距離を全番手知っておくことは最低条件です。もしもアマチュアの皆さんでそれがわかっていないとすれば、それはスコアを大幅にロスしていると思いますよ。

――アイアンにおけるスイングのチェックポイントはありますか?

今田●どんな番手でもスイングプレーンが同じになるように心がけています。これはドライバーでもフェアウェイウッドでも同様です。では、どうスイングプレーンを考えているかというと、ハーフウェイバックしたときにグリップエンドがボールを指していて、飛球線後方から見たときにシャフトがボールとを結ぶ延長線上にあるということです。ハーフウェイバックというのは、左腕が地面と平行、つまり水平になったときです。

――となれば、クラブの長さによって自然にアップライトになったり、フラットになったりはしますね。

今田●その通りです。でも常にシャフトはボールの延長線上です。それがボールよりも体の近くを指していたらアップライト過ぎていますし、遠くにあればフラット過ぎます。僕の場合、テークバックでインサイドに引き過ぎる癖があるのですが、そうなると、遠くを指しています。しかもフェースが開き気味になるので、絶えず、飛球線後方からチェックする必要があります。

——コーチなど他の人に見てもらわないと、自分ではわかりにくいですね。

今田●そうなのですが、自分でもチェックできなくてはなりませんね。それにこのハーフウェイバックでのオンプレーンをそのままボディターンを止めないようにしてトップまで持っていかなくてはなりません。手だけで上げないよう、また右の股関節が引けないように注意しなければなりません。スイングはすぐに崩れてしまいます。絶えずチェックする必要がありますね。

——そうしたこともやって、'10年のシーズンは最後に優勝争いができたわけですね。

今田●頭が動いているとリッチーから指摘されたときは驚きました。やはり肋骨にひびが入って、それをかばっているうちにそうなってしまったのでしょうね。頭が動いていてはスイングプレーン自体がずれてしまいますからね。

——スイング中、頭の位置をキープするというのは我々アマチュアレベルの問題かと思っていたら違うんですね。

今田●プロにとっても大切な基本中の基本ということになるのでしょう。来年はさらにスイングをよくして活躍できるようにしたいと思います。

——そういえば、今田プロはいつもパーオン率にはこだわっていないと言われていましたよね。

今田●僕のパーオン率は例年62％から64％ぐらいなのですが、気にしてはいますよ。ただ、僕の場合はグリーンに乗せればいいというわけではなく、チャンスがあれば常にピンを狙っているので、オンの確率は落ちますよね。ショートアイアンで打てることも少ないですしね。なので上位にいけるとは思ってはいないんです。

——なるほど。グリーンセンターを狙うだけならもっといい数字になるわけですね。でも'10年は最後に優勝争いをしてシードを確保したわけですし、さらにショットの精度を上げてこれまで以上にたくさん優勝争いをしてください。ぜひともツアー2勝目を成し遂げてもらいたいです。

今田●そうなるよう、頑張りますね。日本からもたくさんの応援をよろしくお願いいたします。

第3章

今田竜二のゴルフの基本とプレー術を学ぼう

スコアを作る賢いラウンド法

PART 1

「パットから組み立てるコースマネジメントを考えて欲しい！」

ゴルフはグリーンの小さなホールにボールが入ってスコアが決定する。

ならば、パットからティショットへ遡ってプレーを組み立てるのが
スコアメイクのコツと今田プロは考える。

パットを入れるためにはどこにオンすればいいか。

そのためにはどこからアプローチすればよいか。

どこからショットを打ったほうがよいか。そのためにはどんなティショットを放てばよいか。

目標達成のための逆算こそが大切。それを念頭に置いて今田プロの話を聞いて欲しい。

――USツアーは1月から始まって8月の全米プロが終わると、今シーズンもほとんど終わったなあという感じがしますよね。そのあとにプレーオフシリーズがあるけど、今田プロは'11年のシーズン前半はずっとパットに苦しんだという感じがしますよね。

今田●僕のゴルフはパットが命ですからね。それがずっと不調でした。毎ラウンド30パット以上もするんだからどうしようもないです。

――これまでのゴルフ人生でそんなことは一度もなかったでしょう。今田プロはパットの上手い選手だということは誰もが認識していることですから。

今田●パットが入らないことが続くと、歳を取ってきたために夕ッチの感覚が衰えて来たのかとか、視力が落ちてラインが読みにくくなったのかとか考えてしまいます。狙っているところに打ててもラインが違っていたり、真っ直ぐに打ててもカップに蹴られたりとか……。

――今シーズンはカップに蹴られるシーンが本当に多かったように思います。

今田●でもそれはやはりボールの転がりが悪いんでしょう。サイドスピンがかかっているときは蹴られやすいですからね。でも振り返ると、入ってもおかしくないパットまで蹴られたりもしていましたよね。よいパットを打っているつもりでも入らない。それが続くと気分的に入らなくなってしまいます。

――自信がなくなってしまうんですかね。

今田●パットが入っているときは、グリーンに上がったときから「入れるぞ」という強い気持ちが持てるし、打つ前から入る気がするし、実際に打った瞬間にも「これは絶対に入ったぞ」と思えて実際に入る。こうなるとアプローチにも余裕が持てるし、ショットも楽になる。僕のゴルフが好循環になってきます。

――となると、確かに今田プロのゴルフはパットが鍵を握っているわけですね。パットに自信があったから、これまでずっとパターを替えなかったわけですね。

今田●珍しく替えたのは気分転換ですね。調子が悪いときはいろんなパターを試してフィットするものがあるのではと探してしまいますね。

――ツアーのデータを見ると、パット部門では２００７年が16位で、'08年が24位、'09年が28位、'10年は12位でした。それが'11年は5月末から立ち直っているのに、１５１位と極端に悪いです。

今田●本当に5月末のバイロン・ネルソン選手権まではひどい状態でした。14試合戦って予選を通ったのが、６試合しかなかったですから。

――でも、そのバイロン・ネルソンでは3位タイ。最終日に首位に立ったときは優勝間違いなしと思いました。この試合では４日間のパッティングが全選手の2位という好調さでした。

今田●この試合が始まるまでにパッティングの練習をたくさんして、ボールが真っ直ぐに転がるようによいストロークを身につけ直しました。また、練習ラウンドではキャディのケーシーに、すべてのグリーンのストレートのラインを確認してもらって、ラインの読み違いをなくすように努めました。

――そうした地道な努力が実を結んだということですね。

今田●ゴルフは地道な努力をするしかありませんからね。でもこれほどのパットの不調は経験がなかったので、再び自信を取り戻せるか不安でした。でもやるべきことは練習しかない。アマチュアの皆さんも上達したいなら地道な努力をするしかない。本当にそれしかないです。

――バイロン・ネルソンの今田プロは本当に素晴らしかった。この試合のことを少し話してもらえませんか?

今田●コースはテキサスにあるＴＰＣフォーシーズンズリゾート。非常に戦略的な強い風も吹くタフなパー70のコースです。初日を69、２日目を68として、３日目は時折突風も吹く強い風のラウンドだったのですが、11番で10ｍのロングパットを沈めたりで70のパープレーであがりました。

――後半の15番ホールからが難しいけど、粘り強いプレーをしましたね。

今田●ショットがよかったんです。全米プロで２位となったジェイソン・ダフナーとはとてもいい友達だけど、彼のワンポイントアドバイスが効いたんです。

――この試合ではパットがよかったけれど、それも彼のアドバイスがあったのですか?

今田●それはなかったけど、ショットが好調でそれがパットにも好影響を与えたのかもしれません。14番ホールでもグレートショットがティショットで放てて、セカンドは6番アイアン。いつもなら2番アイアンでも届かなくて3打目でピッチングを使うのに。フォローの風もあったし、もの凄く飛んだんです。

――それで3日目が終わって3位タイに浮上しました。「今田の今シーズンがようやく開幕した」って解説者にコメントされていました。

今田●シーズン最初からよくなくてほぼ半年経っての活躍ですからね。でも、3日目だけでなく、最終日もショット、パットともに好調で、5番ホールでは7mの軽いフックラインが入ったし、13番の170ヤードパー3では強いフォローの風が吹いていたのに、アイアンがしっかりと打ててグリーンに2バウンドで止まった。ピンの左ややフックで下りの3mのパット。ズボンがはためくほどの風が吹いていたので、どれぐらいフックの転がりが押し戻されるかと思ったけど、ブレーキがかかりながらも入ってくれました。

――素晴らしいバーディに観客から歓声が湧きましたよね。今田プロもガッツポーズしたあと、キャディのお腹を軽く叩いていましたね。

今田●ケーシーの読みもピタリでしたから(笑)。

――あのバーディで2位のマット・クーチャーに2打差をつけて首位に立っていました。

今田●でも、あのコースはおわかりのように15番ホールからが難しいんです。気を引き締めて臨みましたけど、その15番でボギーを叩きました。

左からの風だったので、左を狙ったのが引っかかってしまったんです。17番ホールはパーを死守しようとして何とか2オン。長いパットを1mに寄せたけど、もう少し寄せなくてはいけなかった。ナーバスになっていたと思います。この1mは下りのパットで、もの凄く上手く打てましたが、突然突風が吹いたんです。ボールに勢いがついてカップに蹴られました。このシーズンの僕を象徴するパットだったです。

――カップの左縁だったですよね。今田プロは「優勝争いから遠ざかっていたことが、ナーバスにさせた」と言っていました。ロングパットだけでなく、ショットも狂わせたのでしょうか?

今田●それはわかりませんが、18番ホールは池に打ち出してからフックさせて戻すというタフなティショットを要求されるホールで、風があると本当にコントロールしにくいんです。そして、そのティショットは何とか上手く打てたのにセカンドショットをバンカーに入れて、そのショットがまたもや突風で寄らない。6mのパーパットが残って入らなかったのです。

――終わってみたら首位にたったの1ストローク差。最後がパーならプレーオフというのはわかっていましたか?

今田●もちろんです。でも最後の4ホールで3ボギーをしては勝てません。こうした優勝争いを年に数回はしていなければなかなか勝てません。

――ゴルフでは逃げ切るのが一番難しいですよね。特にUSツアーではラスト3ホールが難しいセッティングとなることが多い。パーを取ろうと大事に行けばボギーが来る。バーディを取ろうとしたらダボが来る。ではどうしたらいいの? となりますよね。

今田●もちろん、後ろの組で逆転を狙うほうが精神的には楽ですよね。でも僕の場合はバーディラッシュがないので、この試合のように風の吹く難しいコンディションのほうがチャンスがあると思います。スコアが伸びない試合ですね。

――ならばそこでいかにパーセーブしていくかですね。3日目は強風下でそれができていましたものね。

今田●最終日のラスト5ホールではナーバスになりましたけど、それが悪いプレーになったとは思っていません。自分をコントロールできていたとは思っています。

――本当に惜しい試合でした。でも、試合後、「勝てなかったのは悔しいけど、次はもっとよいプレーができる」と語っていたのが印象的でした。そして事実、その2試合後のフェデックス・セント・ジュード・クラシックで再び3位タイとなりました。

今田●この試合もショット、パットともよかったです。特に最終日に66を出して3位に入れたのはよかった。フェアウェイキープ率もバーディ数も僕がトップでしたから。

——'11シーズンのショットのデータを見ると、ドライバーの飛距離やフェアウェイキープ率、パーオン率など例年と変わりませんが、ショットがよくなれば優勝争いができるという実証ですね。

今田●でも、それにはやはり、いつものようにパットがよくなければという条件付きですね。

——今田プロのコースマネジメントは、やはりパットが軸になるものなのですね。

今田●ショットがいつもよければいいけれど、安定しませんからね。特にドライバーは打ってみるまでわからないので。パットをよくしてアプローチを楽にしてパーをキープする。そこがベースですね。

ドライバーを使うかは、リウォード、見返りがあるかどうか

——では、その打ってみなければわからないというドライバーからマネジメントを聞いていきた

いと思います。ティショットでドライバーを使うときは何を考えますか？

今田●まず、ドライバーはティショットでいつも使うクラブとは考えていないということがあります。ドライバーを使ったときにどれだけのリウォード、つまり見返りがあるかを考えます。リスクを負っても見返りがなければドライバーを使う意味がありませんから。

——メリットがあるかないかというポイントが面白いというか、今田プロだなという気がします。

普通はドライバーを使うと危険が伴うかどうかという、デメリットを先に考えると思うからです。

今田●それでは消極的なゴルフしかできませんよね。それにその考え方をすると、どんどん消極的になって、最後にはドライバーをまったく使えない精神状態になってしまうと思います。危険があっても使うのかの判断をすること。そうでないとパーをキープしながらバーディを取っていくことはできません。

——USツアーというサバイバルゲームでは生き残れないということですね。

今田●長いパー4であれば何も考えずにドライバーを握ると思いますが、400ヤード前半から300ヤード台のパー4であれば、リウォードを考えます。

——3月に行われたトランジションズ選手権のイニスブルックリゾート。その2番ホールはあまり長くないですが、ドライバーで打ちますか？

今田●あのホールは左ドッグレッグのパー4で、曲がり角のラフの右は池。左は木がせり出している。ドライバーで打ってもいいホールですが、どれほどのリウォードがあるかと考えると、あまりない。ドライバーならセカンドがピッチングウェッジで打てるけど、スプーンを使っても8番か9番アイアンで打てるんです。そして、ドライバーを使って、もし右に吹けたら池に入ってしまう。左に引っかけたら木があるためにグリーンが狙えなくなる。となればスプーンを使って右の池を狙っていって、フェアウェイを広く使うのが一番となる。池には入らず、フェアウェイキープできる可能性が高い。僕のスプーンは250〜260ヤード飛ぶ。これ以上飛ぶと池も効いてくるし、狙えるフェアウェイの幅も20〜30ヤードとなってラフに入る確率も高くなります。

——つまり、ドライバーもスプーンもキャリーとランの飛距離を知らなければいけないということですね。

今田●そう。アマチュアはそれを把握していませんよね。だから、越えると思った池やクロスバンカーに入れたり、入らないと思った池やクロスバンカーに入れる。左右だけでなく前後にも十分な注意を払わないといけないわけです。それもその日のコースコンディションや天候でも変わる。風などでキャリーが変わり、地面の固さでキャリーも変わるのですから。

——確かにそうですよね。ドライバーやスプーンとなると特にトータル飛距離しか把握していない。それも最も飛んだときの飛距離とか。

今田●それではコースマネジメントはできないですよね。すべてのクラブのキャリーとランは把握できていないとね。

――では、同じ3月にマイアミのドラールで行われたWGCキャデラック選手権の11番ホールはどうですか？　ここも短いパー4ですが、ドライバーを使いますか？

今田●あのホールはフェアウェイの真ん中に大きなバンカーがあります。その左右にフェアウェイが分かれている面白いホールだけど、ほとんどの選手はフェアウェイウッドやアイアンを使ってバンカーまで届かないクラブを選択しています。でも、僕はドライバーを使うことが多いです。というのもドライバーで打つと残りが70～80ヤードとなって、ピンが手前でバンカー近くにあってもバックスピンをかけて寄せることができるからです。つまりドライバーを使うリウォードがあるわけです。

――なるほど。バーディチャンスを作れるというわけですね。

今田●そう。それにドライバーを使ってミスしても、ＯＢに行ったり池に入るといった致命的なミスになることはありません。ミスしてもまだバーディチャンスにつけることができるわけです。もしも真ん中のバンカーに入ったとしたら１００ヤードのバンカーショットになるからやさしくはないけど、パーにはできる。それにバンカーまで飛ぶことはあまりないという変な自信もありますね。

――バーディチャンスが作れて、ミスしてもパーにできるなら、ドライバーを使うというわけですね。

今田●もちろんです。

OBは飛ばしても飛距離0。絶対に打ってはいけない。

――では、ティショットでドライバーを持つとして、どんなことを考えますか?

今田●ホールのどちら側にOBがあり、どちら側に余裕があるかを確認します。また、フェアウェイに打つといっても、広く見えるサイドでも外したときに余裕がなく、狭く見えるサイドでも余裕があれば狭いほうの真ん中を狙って打ちます。

――右か左か、フェアウェイを2分してどちらかのセンターを狙うようにしているわけですね。それもティグラウンドから見える景色に騙されないで、実質的に広いほうを狙うということですね。

今田●でも、これは僕たちプロの場合ですね。というのもフェアウェイに打たないとピンを狙えないというホールが多いからです。アマチュアならわざわざフェアウェイを狙わなくてもラフでもいいと思ってリラックスして打つほうがいいのではないでしょうか？　ラフといってもフェアウェイとさほど変わらないときも多いでしょうから。

――ならば、アーノルド・パーマー設計のベイヒルCLとニクラウス設計のメモリアルをやるミュアフィールドビレッジではどちらが好きですか？

今田●ジャックのミュアフィールドビレッジですね。

――意外ですね。というのも、ベイヒルのほうがフェアウェイの左右が広いので、今田プロの好みのコースだと思っていたのです。今田プロは広いフェアウェイを広く使うプロなので、ベイヒルのほうがいいのではと思っていました。

今田●ははは。それって球が散らばるって意味でしょう！　でも好きか嫌いかはティショットだけでは決められません。芝質があると思います。僕はベイヒルのバミューダのオーバーシードよりもミュアフィールドのベントのほうがプレーがしやすいんです。ゴルフの芝はやはりベントじゃなきゃ。

――なるほど。でも、ミュアフィールドビレッジはフェアウェイを外すとペナルティが厳しいですよね。

今田●確かにそうなのですが、ミュアフィールドビレッジは池やクリークはあるけどOBがほとんどないでしょう。僕はOBが好きじゃない。だからOBの多いコースは嫌いなんです。ベイヒルはOBがいっぱいある。1番の左、5番の左、10番の右、15番の右、18番の右とか。池やクリークなら距離のペナルティはないから、そのほうがいいわけです。

――なるほど。とにかくOBは絶対に避けたい。打ちたくないというわけですね。だからOBのあるサイドをまずは確認すると。そしてその反対のサイドに打つというわけですね。

今田●OBは300ヤード飛ばしても飛距離は0mです。ただの1歩も前に進めない。カップに近づけないわけです。こんな馬鹿馬鹿しいことはないでしょう。だからOBは絶対に打ってはいけないわけです。

――ショットの大原則ですね。その次の段階かもしれませんが、ティショットであってもピンの位置やグリーンの形状を考えて打ちますよね。

今田●もちろん、ピンの位置も認識してからティショットは打ちます。グリーンの形状も頭に入れておきますね。もしティショットがフェアウェイを外れてラフに入っても、右のラフよりも左のラフのほうがグリーンに乗せやすいとかピンに絡みやすいとかであれば、そのサイドを選んで

打ちます。

――次に風はどうですか？　ティショットで気になりますか？

今田●アイアンショットでは風は気にするけど、ティショットではあまり気にしませんね。ティショットはピンポイントに狙うショットではないので、5ヤードから10ヤードの誤差があってもいいと思っています。なので、僕は強風でなければ気にしないですね。でもツアーでは風が気になって仕方がないという選手もいます。

――池がある場合はどうですか？

今田●池の近くまでは行きたい。でも池には入れたくない。なので、飛距離を考えてクラブを選びます。当然ランも考えないといけない。なので、地面の固さも考慮してクラブを選びます。風向きと転がりを把握する。そうして、230ヤード行く3番アイアンにするか、220ヤードの4番アイアンまで落とすかとか、10ヤード刻みで考えます。

――谷越えや池越えのティショットでは何を考えますか？

今田●リウォードがあるかないかという点で同じですね。ドライバーを持ってバーディやイーグルの可能性があれば使うし、ドライバーで打っても難しいショットが残りやすいのなら使いません。谷や池を越えられるだけのクラブで安全に打てばいい。

――先ほどのトランジションズ選手権ですが、16番ホールは長いパー4で右へバナナのように曲がっている。それだけでも狙いにくいのに、右サイドは池だし、左サイドは林。実に難しいホールだなと思ってしまいます。

今田●確かに難しいです。方向だけでなく、距離もコントロールしなければなりません。左に逃げたら逃げたで木が邪魔になるし、右の池は池のどこらへんまで打っても越えられるのかが気になる。フェアウェイも広くないし、本当にティショットが打ちにくいホールです。

――ああいう難しいホールだと風が吹くともっと嫌でしょう。

今田●そりゃもう。右からのアゲンストだとみんなナーバスになります。でも左からの風も嫌だな。うーん、でも左からなら左の林に打てばいいやって思えるからまだ楽かな。どうせボールはフェアウェイに戻ってくるからって思えますからね。でも、右からのアゲンストだと、フェードを打つか池の上に打ってドローで戻してくるしかない。打った瞬間に風が止んだらどうしようって思いますね。

――そうですね。風は一定には吹かないですから。強くなったり弱くなったりしますよね。

今田●そう。ティグラウンドで風がなくても、飛行中は遮るものがなくて吹いていたりね。樹木のさらに上はうんと吹いていたり。グリーン上は風が異なるということもあります。だから、打つ場所の風だけを気にしていたらいけない。途中も、落としどころの風も気にしないといけませんね。

――となると、風のチェックは芝をちぎって投げるだけではいけないということですね。

今田●そうなります。雲の動きを見たり、枝の揺れや、池の水面の波立ちとか。ピンの旗の向きも見ますね。でもその前に、まずはラウンド前にコースの全体図と今日の風向きを知って、各ホールにどんな風が吹いているかを把握します。

――朝の練習で風を知って、コースの全体的な風向きを知って、ホールを進むたびに風向きを調べて、それを積み上げていって風向きを決定するという選手もいますが……。

今田●ほとんどの選手はそうしているでしょうね。そうしてその決定した風向きと違う風が吹いている場合にしっかりと注意を払います。なぜならそれはその場所、例えばティグラウンドだけのまやかしの風で、ホール全体はそれとは違うということがあるからです。それを間違えると大きなミスになることがあるので、本当に注意しなければなりません。でも僕の場合はキャディのケーシーに任せています。風はケーシー任せです(笑)。

――細かなことはキャディに任せて、打つことに全力を傾けるということですね。では、ティショットの話の最後に、構えやすいホールと構えにくいホールというのはありますか?

今田●木が両サイドにあるコースは構えやすくて好きですね。全英のような木のない原っぱのようなコースは構えにくいです。アリゾナの砂漠のコースも木がないけれど、フェアウェイは緑のままでラフを茶色にしているでしょう。ラインがはっきりしているので構えやすいですね。

セカンドはパーを取れる場所に打つのが基本

——では、グリーンを狙うセカンドショットに話を移したいと思います。とは言っても実際はグリーンやピンを狙わないケースもあると思います。

今田●結構ありますね。それもピンを狙うかと言ったらほとんどないですね。ピンの根本に落とすんだというショットはそれこそ少ない。風が右から吹いていたら、ピンの右を狙って風が吹いてピンの近くに落ちるんじゃないかとか。風が吹いてなくてもピンの位置を見て、ドローやフェードで打ってピンに寄っていったらいいとか。ピンに対して真っ直ぐなショットを打つっていうことはほとんどない。2割もないと思います。

——ピンだけでなく、グリーンさえ狙わないというのはどんなときですか？

今田●ボールがラフに入っていたりすれば、グリーンの手前の花道を目がけますね。フェアウェイにあったとしてもピンの位置が難しくてリスクがあるときも、一度花道に落としてからアプローチでパーを狙います。

――アマチュアであればショットの精度が低いわけですから、余計にグリーンさえ狙わないという戦略が必要ですよね。

今田●そう思いますね。アプローチやバンカーショットが苦手なら余計そうしなければなりませんよね。でなければ、グリーンを外したときにすぐにダブルボギーになってしまう。花道狙いというのはスコアメイクの定石だと思います。

――ボギーにはできるし、パーにもなりやすいですよね。

今田●プロならグリーン狙いはバーディチャンスになる確率があるかどうかですよね。グリーンに向かって10球打って1球寄るかもというならまだしも、100球打って1球寄るかどうかわからないというなら、グリーン以外のパーを取りやすいところを狙います。

――グリーンを狙って外れた場合のリスクも考えますよね。

今田●普通のコースならグリーンも速くなくて固くないしラフも深くない。そうなればグリーンを狙うことって多くなりますよね。でもトーナメントではグリーンが硬いからオーバーすることもある。そうなれば深いラフから下りのもの凄く速いアプローチをすることになる。ダブルボギーは確実です。僕のように飛距離のない選手はセカンドショットで長いクラブを使うことが多いので、余計にグリーンを直接狙えない。ボールを止められませんからね。

――1月のファーマーズインシュランスで最終ホール、トリプルを叩いたでしょう。サンディエゴのトーレーパインズで。ステディな攻め方をする今田プロにしては珍しいなと思ったのですが、何が起きたのですか?

今田●そう、18番のパー5。ティショットをラフに入れたので、セカンドを5番でレイアップしたんです。3打目は80ヤードぐらい。この距離であればピンを狙いますよね。グリーンが硬いことはわかっていたので、スピンをかけなければ止まらないと思って打ちました。実際、狙ったところ、ピンの少し手前に落ちました。少し転がってピンの先まで行ってからバックスピンがかかったわけです。そうしたらなんとグリーン手前の池に落ちてしまった。自分ではナイスショットだったのにです。とにかくドロップして今度は少し強めにヘッドを入れてピンの先5ヤードに落としたわけです。ところがこれもスピンがかかって池に落ちてしまったのです(苦笑)。

――狙ったところにナイスショットが打てたのに、二度までもそんな結果になるとは。ショックだったでしょう。

今田●ショックはショックですよね。でもナイスショットだったので諦めがつきます。ミスショットで池に入れたら腹が立ちますけど。

——そうなんですか？　ミスショットなら諦めがついて、ナイスショットだと納得がいかないのではと思っていました。

今田●そんなことはないです。ナイスショットなのに池に入ってしまったというのは運がなかったなと思うだけです。しようがない。そう思えます。でも、ミスショットして池に入れたらショックは大きいです。

——ミスショットしただけでもショックなのに、それをだめ押しされるからですかね。さて、セカンドショットのことですが、ここでは打ち上げや打ち下ろしのショットが要求されるケースもあると思いますが、どんなことを考えますか？

今田●考えるというよりも好き嫌いがあります。僕は打ち下ろしは好きだけど、打ち上げは嫌いということですね(笑)。打ち上げのライだと、球を上げたいという気持ちが働いて下から打ってしまうんです。そうすると球が散りやすい。僕の悪い癖として、打つときに右肩が下がる傾向があって、そうなると平地でもボールが散らばります。これが打ち上げだと出やすいわけです。打ち下ろしなら右肩がサッと入ってくれるのでいいショットが打てます。

——打ち上げや打ち下ろしでは飛距離が変わりますよね。ランも違いが出ると思いますが……。

今田●打ち下ろしでは距離が出るので小さい番手を持ちます。何番手小さくするかはどれぐらい打ち下ろすかで変わりますよね。目線がガクッと下がるぐらいで1番手小さくするという感じですかね。打ち下ろしだと上から落ちるのでピタッと止まるイメージを持つ人がいますけど、そんなことはありません。止まるのは打ち上げのときですね。打ち上げは距離も出ないしランもないので大きめのクラブを持ちます。僕の場合は打ち上げでしっかり打てないと思っているので、余計に大きなクラブを持ちます。

――アップヒルやダウンヒルのライではフルショットはしないですよね。

今田●もちろん。フルショットしたらもっと球が散らばってしまいます。こうしたライでは方向性第一。距離を合わせて打ちます。それと打ち下ろしでは滞空時間が長くなるので風の影響を受けやすい。なのでなるべく高い球は打ちません。低い球を打ちますね。

――そう言えば、セカンドショットで思い出したのですが、全米オープンなんかの超難しいセッティングでは、「バンカーに入れ」と叫ぶ選手がいますね。

今田●それはラフに入るならバンカーに入ったほうがよっぽどいいということで叫ぶんでしょう（笑）。バンカーはライがある程度一定だし、スピンもかけられる。上りのライだとピンポイントで打っていけます。それがラフだと打って落ちてから止まらない。それもどれぐらい止まらないかがわからない。だからピンポイントで狙えない。打ってドンと止まるショットが打てるのは安心感がありますね。

――でもわざわざバンカーを狙うということはないわけでしょう？

今田●それはほとんどないですね。あるのは、バンカー越えにピンが切ってあって、バンカーを越したラフに落とさないとピンに寄らない、グリーンに直接落とすとグリーンオーバーしてしまうというケースですね。この場合はバンカーのピン寄りの端ぎりぎりに狙いを定めて少しだけ強く打つ。運がよければピンに寄るし、そうでなければバンカー。でも、ここから寄せられると思っているので、全然構わない。バンカーに入ってもいいと思って打っていますからね。

――目玉になったらとかは考えないですか？

今田●なるほど。柔らかい砂のときはそうした攻め方はしないかもしれません。新しく砂を入れたばかりのコースとかね。

風向きとグリーンの硬さで攻め方とクラブ選択が変わる

――では、パー3の攻略法について聞いていきたいと思います。ここでもピンを狙って打つことは少ないということになりますか？

今田●距離にもよりますけど、ピンを狙った場合のリウォードを考えますね。それと失敗したときのリスクですね。アイランドグリーンのパー3などでは池に入れた場合にボギーで収められるのかどうかとかね。どこにドロップすることになるのか、打ち直しのことまで考えます。心理学者のボブ・ロッテラは池に入れることなど考えちゃいけないって言いますけど、やっぱり考えますよ(笑)。

——長いパー3と短いパー3では考えることは違いますか？

今田●短い場合はピンを狙っていくことは結構ありますね。リスクを負ってもそれだけのリウォードがあれば狙います。8番や9番アイアンで打てるのであればコントロールもできるのでピンに寄る確率も高くなりますから。有名なペブルビーチの7番のパー3などは110ヤードしかないので、バーディを狙いたいホールです。でもあそこは風次第。どこからどれぐらいの風が吹いているのかをしっかり計算して打たなければなりません。風がなければ簡単なホールですけどね。

——追い風と向かい風はどちらが嫌ですか？

今田●ペブルビーチの7番のように距離が短かい場合は、グリーンが柔らかかったらフォローがいいし、硬かったらアゲンストがいいですね。プロになると、落ちてからどれだけ転がるか、スピンがかかるかを考えます。グリーンが硬くてアゲンストなら落ちてからのスピンを考えなくてもいい。落ちたところに止まってくれます。柔らかくてアゲンストならスピンがかかりやすいので、よりスピンがかかるサンドウェッジなどで打つと戻ってきてしまうことを計算に入れます。なので、ピンが奥の場合はスピンがかかり過ぎないように9番アイアンやピッチングウェッジで打ったり、スリークォーターで打ったりします。でも、こうなるとぴったりに寄せるのは難しいですね。

――ペブルビーチの17番は長いパー3ですが、こっちはどう攻めますか?

今田●220ヤードを越えるパー3は長いですよね。トランジションズの8番も長いパー3でピンが奥にある場合と手前にある場合とでは40ヤードも違ってきます。距離をしっかりと確かめて、グリーンを外しても寄せやすいほうを確認して打ちます。いかにパーを取るかを考えて打ちますね。

――トランジションズの8番はグリーン手前に花道がありますが、ペブルビーチの17番はピンがセンターや左に切ってあるとバンカー越えになります。スプーンで単純には打てなくなりますよね。

今田●グリーンのコンディションによりますね。グリーンが柔らかければスプーンでも止まってくれる。ペブルビーチは芝がポアナでいつも柔らかいので狙えますね。でも全米オープンのコースセッティングのようにグリーンが硬くなると一気に狙えるエリアが狭くなる。広いグリーンでも狭くなってしまうんです。それも僕のように距離の出ないプレーヤーはとても小さなグリーンになってしまうんです。

――今田プロにとって難しいパー3はどこですか？

今田●3位タイに入りましたけど、フェデックス・セントジュードを行ったメンフィスの14番。239ヤードもあって、しかも池がずっと右にあって少し前にせり出している難しいパー3です。ニューオリンズのコースでも嫌なパー3があります。あそこではパー3でもグリーンを狙わないときが多いです。

――では最後にアマチュアが大叩きしないようにするにはどうしたらいいかを聞いてみたいと思います。

今田●それは自分の技量を知ることでしょう。実力以上のショットを打とうとしたときに大叩きにつながると思います。そのショットが成功する確率を把握できていれば大叩きはしないで済みますよね。なのに、ほとんど練習していないクラブでナイスショットを望んだりする。それで大叩きしないほうがおかしいです。

――胸が痛くなる言葉です。では、パーであがるコツを教えてもらえますか？

今田●うーん、難しいなあ。まあ、パーオンすることじゃないかな。それもコースを広く上手く簡単に使ってパーオンすること。何も考えずに闇雲にフェアウェイはあそこだって真ん中に打とうとしたり、ピンがあそこにあるからってピンを狙っていてはスコアメイクはできないでしょう。スコアメイクがしたかったらコースを知ること。そして先にも言った自分の実力を知ること。この2つですね。とても大事な2つのことだと思います。

――ありがとうございました。

PART 2

ミスをしないセットアップ法

「ミスを消滅させるゴルフの基本、グリップ&アドレスを考えよう!」

世界で最も熾烈なツアーであるUSPGAで活躍している今田プロ。

その今田プロが最も大切にしているゴルフの基本といえば、グリップとアドレス。

ミスのない正確なショットを生むために、どのようなことに気をつけてチェックしているのか。

ゴルフの基本の基本に深く肉薄してみた。

——2011年のシーズンも終わりましたね。今田プロは5月末のバイロン・ネルソン・チャンピオンシップと6月のフェデックス・セントジュード・クラシックで3位タイと優勝争いをしましたが、春先のパットの不調が響いて、結局、秋のフォールシリーズまで戦いました。長いシーズン、本当にお疲れ様でした。

今田●いえいえ、夏以降、もう少し頑張ればよかったのですが、パットが本調子にならず、上位に行けなかったですね。それでフォールシリーズまで戦うことになり、日本に行くことができませんでした。

——確かに'10年は12位だったパット部門が'11年は133位。これまでにも言われていましたが、今田プロのゴルフはパッティングが基盤になってマネジメントされる。やはり最後までパッティングに苦しんだことが、スコアにも賞金にも影響したのですね。日本のファンとしては1年に1回は今田プロのゴルフが生で見たいですから、来日されなかったのは残念でした。でも、フォールシリーズ4戦目となる最終のチュードレンミラクルネットワークで28位タイに入って賞金ランクを90位とし、シード権が確保されたのでよかったです。

今田●9月末の時点でほぼ大丈夫だと思っていたのですが、大事を取ってフォールシリーズに出場しました。ところが初戦から3連続で予選落ち。周囲を心配させてしまいました。でも、とにかくはシードを確保できてよかった。'12年はオフからしっかりとトレーニングを積んで、なんとか2勝目を挙げたい。それにはもう少し上位に入る試合を増やして優勝争いを少しでも多くしていかないといけない。優勝はただ願っていてもできません。'11年は長らく優勝争いをしていなかったことで、バイロン・ネルソンではせっかく首位に立っていたのに最後に明け渡してしまったので、その辺りを何とかしたいです。

――それには、今田ゴルフを支えるパッティングを立て直さないといけないですね。

今田●もちろんですね。オフの間からしっかりと練習して、開幕から好スタートを切りたいです。僕は本当は春先が一番成績がよかったのですから。それにはショットもさらによくしていかないといけないですね。

目標にしっかりと打てるグリップを自分で工夫して作る

――というところで、今回はスイングの基本の基本となる、グリップとアドレスについて詳しくお聞きしたいと思っています。まずはグリップからですが、今田プロはどう考えていますか?

今田●グリップは体とクラブの唯一の接点。だからとても大切なものだと思います。クラブをコントロールするのも、体とクラブのバランスを取るのもグリップですから。特にフェースの動きをコントロールするというのが、グリップについて最もこだわるところになりますね。

――具体的にはどういうことになりますか？

今田●インパクトではフェースがスクエアになっていなければならないということです。いくらいいスイングをしたところで、インパクトでフェースがオープンになっていたり、クローズになっていては、目標には打てません。インパクト周辺がスクエアになって、インパクトがスクエアなら真っ直ぐに飛んでくれる。それはグリップがそうなるように握れていなければ、決してそうはならないでしょう。

――テニスでは、フェースの面と手の平が同じ面になるように握るのが基本ですよね。それは手の平でボールを打つ感覚が最も目標に打ちやすいからですね。そうしたことはゴルフにおいても同じだということなのでしょうか？

今田●ゴルフでは両手でグリップするので、テニスで言えば、右手のフォアハンドと左手のバックハンドが合わさって打つということになりますよね。つまり、右手の手の平で打つということだけでなく、左手の甲で打つということでもあるわけです。右手の平の方向性と左手甲の方向性です。このどちらか、またはどちらもで、スクエアなフェースでインパクトできるようにするわけです。

——そんなことを考えもせずに、言われたままにグリップしているアマチュアがほとんどなのだと思います。だから、グリップの目的もわからずにグリップの形にばかりこだわってしまう。

今田●それではグリップの形はレッスン本と似ていても、ちっともスクエアにインパクトできず、目標に打つことができないということにもなってしまいます。フェース面をインパクトでスクエアになるようにグリップすることが大切で、そうなるのであれば、グリップはどんな形であっても構わないと思います。

——では、今田プロはそうなるために、どんなグリップをしているのですか?

今田●まずグリップは左手から握るのでその左手ですが、左手の甲が目標を向くようにしています。そのため左手の親指はグリップの真上に乗りますが、他の指をグリップに巻き付けてしっかりと握るために、人指し指が親指にギュッと締めるように寄るので、親指の付け根はほんの少しだけ右にずれます。よって、親指と人指し指とで作られるV字は首の右側を指します。左手甲のナックルは2つ見える程度です。スクエアグリップですね。

——右手はどんなふうに握っていますか?

今田●左手と一体になるように握っています。なので右手の親指と人指し指で作られるV字も首の右側を指しています。なので、左手のV字と右手のV字は平行になっています。つまり、右手もスクエアグリップですね。テニスで言えば、右手はフォアハンドのラケット面であり、左手甲はバックハンドのラケット面です。右手も左手もクラブフェースと同じ面となっているわけですから、素直にクラブを振れば、スクエアフェースでインパクトできます。僕にとっては最も振りやすく、そして目標に打てるグリップなのです。

——子供の頃からそうしたグリップだったのですか？

今田●グリップは父に教わったのですが、父もそうした理屈があったわけではないと思います。ゴルフではそういうグリップにするもんだということだったのでしょう。なので、そのときから今でも父と同じオーバーラッピンググリップです。

——ジャック・ニクラウスやタイガー・ウッズのようにインターロッキンググリップに変えようとは思わなかったのですか？

今田●インターロッキングというグリップがあることを知って、何度か試してみたことがあります。でもボールを打ってみると、もう小指が痛くて痛くて。折れるかと思いました(笑)。

——ニクラウスでもタイガーでも子供の頃からインターロッキングだったと言いますから、それで慣れたんですね。その頃は大人のクラブしかないので、重いクラブを力のない子供が振るには両手がさらに強く結ばれるインターロッキングがよかったのでしょう。握力もないから痛くもなかったのでしょうね。

今田●そう言われると、本当は今でもインターロッキングで痛くないぐらいの力で握るのがいいのかもしれませんね。僕は右手を強く握り過ぎることがあるんです。ニクラウスやタイガーが大人になってからもインターロッキングでグリップできるのは柔らかく握っているということなのでしょう。

――サム・スニードは「グリップの強さはキャディがクラブを渡すときぐらいの力」と言っていますよね。よく「小鳥を潰さないぐらいの力」とか「ゆで卵を潰さないぐらいの力」と表現することもありますね。やはり、グリップの握りの強さは緩いほうがいいのでしょうか？

今田●グリップで最も大事なことは柔らかく握ることだと思います。グリップに力が入っていなければ肩や腕にも力が入らず、結果、スムーズにスイングできますよね。楽に振れるからヘッドスピードも出て飛距離も出る。なので、僕の場合で、力一杯握ったのを10とすると、半分の5ぐらいで握っています。本当はもっと力を入れないほうがいいのかもしれません。左右対称に振りたいこともあるので、右手も左手も均等になるように握っています。

――強く握ったら始動もできにくくなってしまいますよね。スムーズにテークバックすることができなくなってしまうと思います。

今田●グリップが強くなると、手首が硬くなってしまいます。手首が柔らかく動くということもグリップの目安になりますね。

——そうなると、力を入れずとも、クラブを振れるほどには握る、グリップを握り締めなくともクラブを振れる、そうなるようなグリップを自分で探し出すということが大切なのかもしれませんね。

今田●僕の場合はまさにそうで、少しロングサムで握るのは、自分の指が短くて、手の平が大きいからだと思います。手の平は普通の人並みの大きさがあるのに、指は凄く短いんです。普通の人の半分くらいしかない(笑)。そうした人間が一番握りやすかったのが、今のグリップなんです。

——握りやすくても、やはり目標にボールを飛ばせるグリップである必要がありますよね。

今田●そう思います。というのも、今はプロでも少しストロンググリップが一般的で、そのほうがボールをつかまえられると言いますよね。コーチのリチャード・エイブルから、もう少しフックグリップにしたらどうかと言われたことがあります。少し左手を被せたらとね。でもやってみたら、僕にはボールがつかまり過ぎてしまう。やはり意図していないフックボールはとても怖いです。なので、今のグリップにしています。

ひどいショットしか出ない人は、グリップとアドレスを変えてみる

——日本ではグリップの形にこだわることが多くて、プロでも変わったグリップの人は少ないです。でもUSツアーでは変わったグリップの人が多いですね。

今田●変なフックグリップというのは結構ありますね。それにグリップだけでなく、スイングも変わっている人が多い。というか、グリップが変わっていれば、スイングも関連しているので変わってしまいますよね。でも、その根底に、アメリカではナイスショットが打てるのであれば、形は問わないということがあると思います。大事なのは結果だと。本人がそのグリップがやりやすくて、そのスイングのほうが上手く振れるのであれば変える必要はないと。僕もまったくそう思います。先ほども言ったように、人によって手の大きさも違いますし、指の長さも違うのですから、同じようには握れませんよね。体格も骨格も筋力も違えば、スイングも変わって当たり前です。

——この間のフォールシリーズのフライドットオープンで初優勝したプライス・モルダーは左手だけ小さいと言います。本当に人それぞれなのですから、グリップも型にはめないほうがいいですね。今田プロから見て、異色のグリップの選手っていますか?

今田●僕はグリップもスイングも人それぞれだと思っているので、他の選手を細かく見ることってあまりないですね。強いて言えば、ジョージア大学の後輩となるクリス・カークなんか、左手の人指し指が右手の小指の上に乗るというリバースグリップ。逆オーバーラッピンググリップですね。彼は26歳の若いプロで今年バイキングクラシックで初優勝しましたけど、そのグリップのほうが振りやすいんですね。また、トミー・ゲーニーはいつでも両手に手袋をしてショットする。それで「ツーグラブズ」というニックネームまでついてしまった。何で両手袋になったのかというと、子供の頃に野球をやっていて両手に手袋をしてバットを振っていたからだと言います。

――なるほど。野球ではどんな選手でも両手袋ですよね。松井秀喜選手でもイチロー選手でも両手に手袋をしている。ゴルフでもそのほうが飛ぶというデータもありますから、アマチュアもやってみる価値があるかもしれませんね。

今田●いろいろと試してみるのは本当によいことだと思います。レッスン本に書かれていることがすべて正しいとか、何でもトッププロを真似しようとか、それだけに偏ってはいけないと思います。自分が握りやすくて、振りやすくて、狙ったところに打ちやすいグリップというものを、一度考え直してもいいと思いますね。

――そう言われるのは、今田プロがアマチュアのグリップを見たときに、変えたほうがいいなと思うことが結構あるということですね。

今田●上手く打てないのは、グリップとアドレスがよくないからだと思うことはよくあります。握りやすい、構えやすいといっても、上手く打てないのであれば、それらに問題があると思って変えたほうがいいかもしれません。そのときには、ある程度、レッスン本に書かれていることを真似するのも手だと思います。でもグリップとアドレスは少しでも変えるとかなりの違和感が出てしまうでしょう。なので、これでは当たらないな、ひどいスイングになってしまうなというときだけ、僕はアドバイスするようにしています。オーソドックスなグリップはこうですよと示します。あとは何も言わない。そこから先は自分で握りやすくて上手くショットできるグリップを探すしかない。そう思っています。

――いつもと同じようにグリップしていて、今日は何かしっくり来ないなということはありますか？

今田●ありますね。そんなときは爪が伸びていたとか、グローブの大きさが違っていたとか、グローブの縫い目がいつもと違う位置にあったりとか、そんなことがあります。

――そのグローブは捨ててしまうわけですか？

今田●そんなことはないですね。僕は使います。というのは合わないと思っても、それがよかったりすることがあるからなんです。ボールを打ってみるまでわからない。あまりに違和感があったら使わないかもしれないけど、少しぐらいなら試してみるほうがいいんです。これはこれでいいなって思えることがある。で、この先ずっとそれで行くってこともありますね。

——フレッド・カプルスのようにグローブをしないってこともありますか？

今田●プレーはしたことはあるけど、試合ではないですね。やはりグリップが滑ると困りますからね。

——滑るというと、クラブのグリップはしょっちゅう替えますか？

今田●なるべく替えないですね。というのも、グリップを付け替えると握りの感覚が変わってしまうんです。なので長く持つコードグリップを使っています。それもフルコードのハードなものにしています。それを光ってくるまで使います。なので、前の年は1回しか替えませんでした。コードグリップは使えば使うほど味が出てくるんですよ(笑)。

——ロブウェッジは溝が磨り減るのが早いために、ヘッドは年に3回は替えますよね。なのに、グリップは付け替えないのですか？

今田●そんなことはないです。1年替えなかったのはウェッジ以外ですね。ウェッジを交換したら、グリップも新しくなります。なので、違和感が出ないように、新しいグリップはヤスリで削ったり、紙ヤスリで擦ったりしします。なるべくしっくり来るように自分でやりますね。とにかく、手のグリップもクラブのグリップも、自分とクラブとの唯一の接点ですから、自分がしっくりくることが大切。それを心がけているということです。

目標に向かってイメージした弾道が出るアドレスを作る

――ではアドレスに話を移したいと思います。これまたゴルフでは最も大切な基本中の基本ですね。今田プロはアドレスをどう考えていますか？

今田●ゴルフはスイングしてボールを目標に打つことがすべてですよね。つまり、スイングしやすく、目標に飛ばせるアドレスが大切になる。そうでないアドレスなら、いくら形がよくても意味をなしませんよね。

――確かにそうですね。形にこだわって上手く振れていないアマチュアもいますね。方向を取っているつもりで違うところを向いていたり。

今田●ただ、アドレスでは形が悪いとよいスイングにはなりません。グリップも同じですが、まずは基本といわれるアドレスを知って、それから自分のスイングがしやすいようにアレンジしたらいいと思います。

――では、スイングしやすく、目標に打てるアドレスについて、具体的に話してもらえますか？

今田●この2つは関連しているので、まずは僕がどういうふうにアドレスしているかを話しますね。誰もがほとんど同じだと思いますが、まずはフェアウェイやピンの位置を見て、ボールの落とし所を決めますよね。それと同時に風を考えて、その目標へどんな球筋で打つかを決めます。ドロー、フェード、高い球、低い球。最も危険がなく、その目標に打てる球筋です。そして、それができるクラブを選び、ボール位置を決めます。そして構える。あとはその球筋になるようにイメージ通りにスイングするだけです。

――今田プロが今言われたことは、我々アマチュアでも頭ではわかっていることです。でも実際は行っていない。目標を決めたら、そこに打ちたい。構えたあとは当たるかなとスイングのことが気になってしまいます。

今田●弾道をイメージすることはとても大切です。というのは目標にただ打つというだけでは、ボールは右にも左にも出やすいし、曲がることも多い。でも球筋を決めれば、イメージ通りに打てることも多いし、仮に打てなくても納得できます。打ったあとにスイングのチェックもできる。なので、球筋を決めたら、まずはその球筋になる打ち出しの方向をしっかりチェックします。スタートラインに打てればよし、フィニッシュラインが弾道イメージになっていればさらによしです。イメージした球筋にならなくても、スタートラインが合っていれば、とりあえずはよしとします。

――我々アマチュアは、目標に飛んだかどうかばかりを気にして、球筋をしっかり見ていない。スタートラインを気にしてもいない。でも結果よりも、スタートラインが大事だということですね。

今田●スタートラインが合っていれば、目標に飛ばなくてもミスの度合いは少ないし、ミスしても修正できやすい。なので、練習中からスタートラインをまずはチェックします。その習慣をつければ、コースでもできるようになりますよ。

――今田プロは構えたらスイングするだけと言われましたが、スイングは考えてはいけないのですか?

今田●構えたら考えない。弾道に集中して振るだけです。スイングを考えるのは素振りのとき。思い描く弾道になるように素振りをチェックします。このときに自分の欠点があれば、それが出ないようにもチェックします。僕の場合なら、右肩が下がって左肩が上がるようなダウンスイングにならないようにチェックしますね。つまり、煽り打つようなスイングにならないようにします。なので、構えて目標を見るときは目の高さの目標を見ます。ボールの先のスパットを見ると、アドレスの姿勢が変わってしまいやすいので、そうしています。

――アドレスで方向はどう取っているのですか？

今田●僕の場合は肩のラインを目標に向けます。スタンスはややオープンにします。こうするとドローもフェードもどちらも打ちやすいのです。スクエアアドレスが基本ですが、スイングしやすいようにアレンジするということです。背骨が回転軸になるので、背中が丸まらないようにはしますが、反らすまでのことはしません。腰に負担がかかるからです。また、膝の上、腰回りに力を入れて、どっしりと構えられるようにします。力を入れるといってもそんなに入れませんよ。バックスイングで踏ん張れるようにしておくということです。

――膝の曲げ具合とかはどうでしょうか？

今田●膝をどれぐらい曲げるかは決めていません。というか、深く曲げると上手くいくときは深く曲げますし、やや棒立ちのほうがよければそうします。頭の位置は気にしません。スイング中も動かさないようにとも考えません。ボールを最後まで見ていれば自然と動かないですよね。

スムーズにスイングできるアドレスを自分で作る

――体重はどうでしょう。

今田●アドレスでは右足、左足が4対6でちょっと左足に多く体重がかかっている感じです。でも、タイガー・ウッズがスイング改造している「スタック&ティルト理論」のような、左足体重のままスイングするということはありません。バックスイングで左足から右足に体重を移動して、ダウンスイングで右足から左足に体重を乗せ換えます。アドレスでやや左足に体重をかけておくと、バックスイングの始動がやりやすいですし、右足に体重を乗せやすいのです。

――スイングがしやすいということなのですね。

今田●特にスイングは始動のきっかけが難しいですからね。右足に体重を乗せてそのままバックスイングするより、僕の場合はやりやすいわけです。また、僕の場合は体重がかかと寄りになってしまうことがあるので、いつもチェックして、そうなっている場合は徐々につま先寄りに体重をかけるようにしています。

――自分の悪い癖を知って、そうならないようにチェックすることが大切なのですね。

今田●先ほど、両肩のラインを目標に向けると言いましたが、注意しないと、僕は右肩が出やすい悪い癖があります。右手に力が入るときは特にそうなりやすい。なので、左腕は真っ直ぐ伸ばしますが、右腕は肘を軽く曲げるようにしています。こうすると、右肩が前に出ないようになるので、両肩のラインが目標を向きますし、右手の力も抜けます。バランスよく構えられて、スムーズにスイングできますね。

――手の位置はどうですか。レッスン本では左もも内側ぐらいにあるように言われていますが。

今田●僕は体の真ん中に置いています。いわゆるY字アドレスですね。でも、インパクトでは左足に体重が移動しますので、それとともに手の位置も左に寄ってくるので、ハンドファーストで打ちます。アイアンではボール位置が真ん中になるので、特にそうなりますね。ハンドファーストでダウンブローに打ち抜く。ターフが真っ直ぐ綺麗に取れるときは方向性もよいということです。逆に言えば、僕の場合、インパクトでハンドファーストになってダウンブローに打つには、アドレスでは手の位置は体の真ん中にあるほうがやりやすいということです。

――ボール位置の話が出ましたが、ドライバーでは左足のかかと内側線上ですか？

今田●イメージする弾道によって変わりますが、僕の場合、基本はドライバーでそれよりもボール1個分右足寄りですね。そのほうが僕の悪い癖である煽り打ちがなくなるからです。レベルにスイングしたいので、左足かかと内側よりもボール1個分右にしています。

――石川遼くんは左足線上よりも左に置いているように見えますが……。

今田●彼はアッパーブローで飛ばすタイプですから、そうなるのでしょう。でも、僕の場合はアッパーブローでは上手く打てない。ひどいフックも出てしまいます。僕だけでなく、USツアーではダウンブローでしっかりヒットしたい選手が多いので、左足かかと線上か、少し内側ですね。左足の外という人はいないと思います。

――先ほど、アイアンではボール位置は真ん中になると言われましたよね。

今田●実はすべてのクラブで、ボール位置はドライバーと同じです。つまり左足かかとよりボール1個分右。違うのはクラブが短くなるに従って、右足を左に寄せていくということです。スタンスも少しずつオープンになるので、8番アイアンのときに体の真ん中になるといった感じです。ウェッジになると、さらに右足が左に寄ってオープンとなるので、ボール位置は右足寄りになります。また体重はクラブが短くなるに従って少しずつ左足に多くかかります。ショートアイアンやウェッジではボールが上がり過ぎないように左足体重のまま振り抜きます。

――アイアンはダウンブローに打てるようにしているというわけですね。

今田●アイアンだけでなく、クリークではターフが取れるように打っています。僕にとっては、クリークがダウンブローに打っていく基準となるクラブです。クリークで綺麗な真っ直ぐの芝が薄く取れればスイングがよいという証ですね。

――憧れのアドレスというか、真似したいアドレスというものはありますか?

今田●グリップでも言いましたが、アドレスも人それぞれだと思っているので、他の選手は関係ないですね。自分が振りやすくて、目標に打てるアドレスなら何でもよいと思います。なのでアマチュアの皆さんもプロを真似するのではなく、基本を押さえたら、自分なりにアレンジして自分のアドレスを作って欲しいですね。ただ、僕もタイガーのアドレスは迫力があって素晴らしいなと思っています。それは腕の太さや肩の広さ、胸の厚さ、脚の強さ、尻の筋肉などからそう思うので、僕には真似しようもありませんけどね(笑)。

――確かにそう思うと、自分のアドレスを作ることですね。ありがとうございました。

PART 3 シンプルスイング術

「スイングはインパクトゾーンの20㎝がスクエアであればよい!」

今田プロのスイングにおける考え方は、
「インパクトの前後10㎝でフェースがスクエアならどんなスイングでもいい」というものだが、
それを行うための方法は、コーチのリチャードとおよそ20年間も
アメリカで悩みながらも培ってきたもの。
シンプルでいて、多くのことが秘められている。
しかし、コースに行ったらスイングはいろいろ考えない。
「アドレスをしっかりと作り、上体を十分に回転させ、フォローで飛ばせ!」である。

――2012年のシーズンが始まるにあたって、今田プロにはちょっとしたニュースがありましたね。お嬢さんのこと、クラブのことです。お嬢さんについては前の年の11月に誕生されたんですよね。マスコミに公表されたのは、初戦のソニーオープンの前でしたね。

今田●秋にはもう試合もほとんど終わっていましたし、マスコミの方々にお話しする機会もありませんでしたから。なので、年始の発表みたいになってしまいました。生まれたのは11月11日。僕と妻の香苗の初めての子供です。名前はアメリカ人でも覚えやすいようにと僕が考えて、カイリと名付けました。英語では「Kyleigh」と書きますが、それに香苗が楓理という漢字を考えました。

――とても素敵な名前ですね。

今田●ありがとうございます。僕はPGAツアーに憧れて14歳でアメリカに来て、ジュニアのときにはいくつも優勝できましたが、大学を卒業後にプロになってからはネイションワイドツアーで足踏みをしてしまった。腰を痛めて、PGAツアーに上がるのに、6年もかかってしまった。それからも優勝するまで3年もかかった。正直、プロとして自信がつくまで子供を育てることに不安がありました。

――今田プロはジュニアのときにはタイガー・ウッズに続く逸材といわれ、現にタイガーと同様に、19歳のときには最優秀ジュニア選手にも選ばれた。プロになってもすぐにPGAツアーで活躍すると思われていました。タイガーは今でも「僕と竜二はよきライバルだった」と言ってます。

今田●2人で何度も優勝争いをしましたからね。実際に僕もすぐにPGAツアーに行けると思っていました。ところがネイションワイドツアーでは賞金ランクの上位15人しかPGAツアーに上がれない。学生時代と違って、プロの世界はゴルフで食べていくという必死の人間たちばかり。初年に34位、2年目32位とベスト15に入れませんでした。

――まさに弱肉強食の世界ですね。

今田●本当にそうでした。全米各地を転戦して、1日15時間もレンタカーを走らせることもあります。コースセッティングは難しいし、甘くない世界でした。腰を痛めて半年休養したときはランク105位まで下がって、もうPGAツアーには行けないかもしれないと思いました。でも、渡米に反対する父を押し切って夢に向かったわけだし、日本に帰ることなど意地でもできない。頑張るしかないと思って、ようやくその2年後にランク3位になってPGAツアー入りを果たしたわけです。もう27歳になっていました。

――小学校の卒業文集に「将来の夢はプロゴルファー」と書いて、ようやくそれが叶った感じだったのですね。

今田●腰を痛めたときにはジュニアのときからのコーチであるリチャード（・エイブル）が、毎日朝起きると洗面台の鏡に「頑張れ！」とか紙に書いて貼っておいてくれた。それが挫けそうになった心を支えてくれたんです。でも、ＰＧＡツアーに上がったからといって、それがゴールじゃない。スタート地点に立っただけです。本当の戦いはそこから。タイガーはもはや雲の上の存在になっていたし、コツコツ地道にやるしかないと思っていました。でも、コースセッティングは最高の厳しさ。ドライバーでの飛距離は必要だし、ラフがきついから正確性も大事。グリーンももの凄く速くて難しい。コツコツではシード落ちになってしまう。実際、毎年、ぎりぎりでしたからね。

――でも、リチャードから「飛距離にこだわるのをやめて、得意なアプローチで勝負しろ」と言われてから今田プロは変わったわけですよね。

今田●その一言は大きかった。これまでに話してきたように、パットから組み立てるようになって、ようやく自分のプレースタイルができてきたんです。ショートゲームなら負けないぞって。

――そうして念願の初優勝になるわけですね。'08年のＡＴ＆Ｔクラシック。前の年もこの試合はプレーオフでしたが、今田プロはラフからのフェアウェイウッドのショットを池に落として敗れてしまった。でも翌年はその反省をしっかりと行って、アイアンで刻み、アプローチで勝負して優勝しました。

今田●嬉しかった。この年は賞金ランクも13位になれたし。でもその後、今度は肋骨を骨折したりと、スムーズにはいきませんでした。でもなんとか、シードはずっと確保してきた。今は子供も生まれたし、大いに張り切っています。

——女の子だと特に可愛いでしょう。

今田●うん。とっても可愛いです。できるだけ長く家にいたいと思ってしまうほど(笑)。おむつの取り替えなんか、絶対にできないと思っていたけど、これができるんです。でも、そんなことがとてつもなく嬉しいんだから、親ばかです(笑)。

——そんなことないですよ。でも楓理ちゃんのためにも早く2勝目を挙げて欲しいです。そしてそのために頑固な今田さんがクラブを替えましたよね。ドライバーをテーラーメイドに、ウェッジをフォーティーンにされました。

今田●心機一転。クラブを替えて、本気で2勝目を狙おうとね。テーラーメイドに替えたのは飛ばしたいからです。それも安定感を増したうえで飛ばしたい。PGAツアーに上がってからずっと飛距離はアップせずにツアー選手の160位ぐらい。道具で飛ばせるならそれに越したことはないと思うんです。

――ウエイトトレーニングなどトレーナーについてしっかりとやっているのに、現状維持が精一杯。飛ぶドライバーがあればそのほうがいいというのはアマチュアもプロも一緒ですね。飛べばグリーンを狙うのがやさしくなるし、必然的にスコアもよくなりますよね。

今田●僕はボールを曲げてコースを攻めてきたタイプなのだけど、これが逆にストレートに打ちたいときに曲がることにもつながっていたと思うんです。なので、やさしく真っ直ぐ遠くに飛ばせるドライバーがいいと思って替えました。

――大きな白いヘッドが目を引きます。

今田●感覚派の僕としては大きなヘッドがまだ違和感が少しあるけど、試合で使ってかなり慣れてきました。練習場では上手く打てているから、コースでも安心感が持てればかなり思う通りに飛ばせると思います。テーラーメイドのユーティリティもやさしくていいですね。距離があるところから、ライを選ばずにグリーンを狙えますので。

――ウェッジは48度と53度が『フォーティーンRM11』、60度のロブウェッジが『MT28V5』ですね。ロブウェッジの使い手としては、このウェッジのどこに惚れたのですか?

今田●スピン性能です。溝の規制ができてから、やはりボールを止めるのが以前より難しくなりました。僕としては規制前の感覚で打てればありがたいです。そして、その感覚に近い形で打てるウェッジなので気に入りました。

――アプローチ勝負の今田プロとしてはウェッジは死活問題になりますからね。ラフやバンカーからはスピンをかけてピンにぴったり寄せたいでしょうし、転がすならチップインを狙いたいですもんね。

今田●僕の場合、アプローチで直接入れないとなかなかバーディが来ない。ボギーになるところをパーで収めないとスコアにもならないから、ウェッジは特に大事なんです。これももう少し慣れてきたらもっと結果がよくなると思います。

腰が水平に回転するレベルスイングを心がける

――ところで、先ほど飛距離が欲しいのでドライバーを替えたと言われましたが、プロになった頃は今よりも遥かに飛んでいたのですよね。

今田●そりゃ、ばりばりの20代前半だったし、思い切り振っていましたからね(笑)。アマチュアというのはそれを仕事にしていないわけですから、怖いもの知らずでしょう。だからがむしゃらにクラブが振れるんです。実際、コースセッティングもそれほど厳しくないから、曲がってもスコアにはなる。それをプロになってもやっていたので飛んではいましたよね。でも、今度は曲がったらスコアにならない。それで足踏みしているところに腰痛です。治ったときにはすっかり飛距離が落ちてしまいました。

——なるほど。しかし、それでもいいやと思って、しっかりプレーしたらPGAツアーに上がれたわけですね。でも、上がってみるとやはり飛距離ではハンデがある。それで再び飛ばしに走った結果、ショットを曲げて、スコアを乱してしまったのですね。

今田●PGAツアーは本当に距離が長いから、飛ばさなきゃ、2打めをアイアンで狙えないホールばかりになってしまう。ひどいときはスプーンでもグリーンに届かない。だからどうしても強く振ろうと力んでしまうわけです。でも、力めば曲がる。たとえOBや林に入らなくとも、深いラフ。こうなればもう、グリーンは狙えません。

——確かに苦しい。飛距離にこだわってしまう今田プロの気持ちが痛いほどわかります。

今田●なので、リチャードがドライバーにこだわるなと言ったときも、飛ばなくていいということではないわけです。ぎりぎり戦える飛距離を確保して、正確性を高めろということです。つまり、大きく曲がるほどはマン振りするなということですね。

——その加減は難しそうですね。

今田●僕は元々のスイングテンポが速いタイプなので、ゆっくり振ることが難しい。マン振りするなと思うと、体の回転が浅くなってつかまらないボールにもなってしまいます。でもリチャードの言う、ドライバーにこだわるなというのは、多少は曲がってもいいぞということでもあるわけです。深いラフまでは曲がらず、セミラフで止まっていればいいじゃないか。つまり完璧に打とうと思うなということです。

――真っ直ぐ遠くに飛ばそうと思うな、というわけですね。アバウトでいいと。リラックスして振ればいいじゃないかというわけですね。

今田●そうなんです。ドライバーでしゃかりきにならず、リラックスして、その分の余裕をアイアンショットやアプローチに集中しなさいってことです。こう思うようになったことはとても大きかったです。

――リラックスしたらかえって飛んだりしたんじゃないですか？

今田●僕たちの場合はそんなに単純ではないですが、曲がるよりは直線のほうが飛びますし、フェアウェイならランも出ますから飛距離はアップしますよね。

――確かにそう考えれば合理的ですね。「大人の飛ばし術」です。スイングについて気をつけている点ってありますか？

今田●たくさんありますね。それは怖いもの知らずで飛ばそうとしていたときの癖が出てしまうということです。まずは、手でパッとテークバックしてしまい、オーバースイングになってしまうことがあります。このときに頭が左に動いたり、背骨が左に傾くと最悪です。こうなると切り返しからのスイング軌道がぶれてしまいやすい。調子が悪くなっているときは、この傾向があります。なので、クラブをなるべく低くゆっくり上げるようにしています。これは打ち急ぎの多いアマチュアにも大事なことだと思いますね。

――飛ばそうと思うと、どうしてもテークバックからスイングが速くなってしまいます。それで肩の回転が浅くなったり、逆にオーバースイングにもなりやすいですよね。

今田●また飛ばそうとすると、どうしてもアッパースイングになりやすい。そうなると、トップからの切り返しで背骨が右に傾いてしまう。頭も右に傾くので、スイングが下から煽るようになってしまう。クラブが内側から入ってしまい、手も返してしまう。こうなると距離は出ますが、ダックフックもある。ダックフックはコントロールが効きません。距離感はなくなるし、曲がり具合もメチャクチャになってしまいます。

――ダウンブローもよくないですか?

今田●ドライバーでダウンブローに打とうする場合は、ボール位置が少し中に入るけど、こうして打つと低く強いボールも出ますが、バックスピンがかかって吹き上がることもあります。どちらにしても飛距離は出なくなってしまう。アッパーブローよりはよいと思うけど、僕の場合だと飛距離が出ないのはやはり辛いです。なので、ダウンブローでもスピンがかからずに飛んでくれるドライバーがあるといいのですが、そう考えると、やはり、スイングはレベルが一番です。

――レベルスイングですね。やはりこれが一番正確性がよさそうですよね。

今田●そう、飛ばそうとしてアッパーブローになるよりもよっぽどいいです。僕はアッパーブローだとインパクトのときに左腰と左肩が上がりながら開いてしまいます。こうなっているときは当たりも悪くなります。スイング中、腰は地面と水平になっていなければいけません。しかし、ドライバーではアドレスでボールが左足かかと線上にあって、しかもティアップしているので、腰を水平に回転するのが難しくなります。僕がアイアンだと上手く打てるのはボール位置が真ん中寄りで地面にあるからだと思います。

――確かにそれは言えますね。ドライバーだとボールはティアップしていて左にあるので、どうしても下からアッパー気味に打ちたくなります。そうして打ったほうが飛びますし。そうなると、構えも右足体重で頭の位置も右寄りになります。なので、余計に腰を水平に回転しづらくなりますよね。

今田●まさにドライバーショットが曲がるのはそういうことがあるからです。なので、ボールが左足かかとで、ティアップしていてもレベルスイングができなければならない。それにはなるべく背骨は真っ直ぐにして傾かないことが大事です。となれば、頭もアドレスで右には寄りません。とはいっても、打つときに頭が右に動いたり傾いてもいけない。ダウンスイングで詰まってしまいます。

――今田プロはスイングをよくしたいときには練習でクリークを使い、浅い真っ直ぐなターフが取れるようにすると言っていましたよね。

今田●そうです。そうなればレベルにスイングできているってことですよね。ドライバーではなかなかできないので、クリークでやっています。そのスイングをドライバーショットでもできることが大切です。

――トップをコンパクトにしようとしていたときもありましたよね。

今田●やはり、これも飛ばそうとしてバックスイングが大きくなっていたわけですね。でも、バックスイングをいくら速く大きくしても、バックスイングでボールは打ちません。飛距離を出すのはインパクト後ですよね。インパクトからヘッドスピードが一番出るように振ればいい。わかっているのに、そうなってしまうのです。それでバックスイングをコンパクトにしようと、リチヤードに見てもらっていました。彼もそのほうがいいと思っているからです。

――アドレスでも背骨を傾けず、腰を水平にする。スイング中もそのままでレベルスイングにする。バックスイングをコンパクトにしてフォローで飛ばす。アマチュアにも大いに言えますね。

今田●僕はあと、膝の位置を気にします。左膝がスイング中、なるべく動かないように気をつけています。とはいっても、もちろんバックスイングで少しヒールアップするので動くわけですが、動かないようにする意識を持つということです。左膝が動いているときは、やはりショットがぶれるので。

――膝に関しては、バックスイングで右膝を動かすなというのがよく言われますよね。それは右腰も同じです。右膝も右腰もバックスイングで右に動くことはよくないと。スエーしてしまうからだというわけです。

今田●確かにそうでしょうね。ただ、僕はあまりそれがないわけです。左膝の動かし過ぎが当たりを悪くしてしまうのです。下半身をなるべく動かさずにどっしりとさせて、上半身をしっかり回転させて打ちたいということです。

――となると、体重移動はあまり考えていないですか？　右サイドから左サイドへの移動ということですが……。

今田●体重移動を意識することはありません。アドレスで体重は右足と左足が4：6か、均等の5：5に体重をかけて、トップでそれが6：4になって、それからフィニッシュで左足に10となるように振っているだけです。

――トップで右足にもっと体重を乗せて、パワーアップしたいということはありませんか？

今田●以前にも言いましたが、打つまでに大きく下半身を動かしたら、当たらなくなってしまいます。下半身はアドレスのままで、腰から上の背中、肩をしっかりと回転する。雑巾の下を持って上を回していくと、戻りたいという反動が生じますよね。スイングでもそうなるように捻り戻しを生かすという考えです。

濡れタオルをパチンと音がするようにスイングする

――スイングで最も大切なことは何だと思いますか？

今田●インパクトですね。インパクトをいかにスクエアにするか。逆に言えば、いかにインパクトでスクエアにフェースを入れられるかということです。それもインパクトの前後10㎝のフェースの向きがスクエアになる。イメージで言えば、ボールの手前10㎝、ボールに当たるとき、ボールを過ぎて10㎝の3点がスクエアであればいいということです。

――そうなればボールは曲がらないと。

今田●右や左に飛ぶのはボールの斜め上や下にフェースが当たっているからですよね。そして、インパクトでスクエアに当たっていたとしても、軌道が斜めならボールをこするわけですからスライスやフックがかかる。なので、インパクトはゾーンで考えて、そのゾーンの間をスクエアにすることです。

――言われてみるとまさにその通りですね。それなのに我々アマチュアはただスイングをよくしたいと思っている。プロのような綺麗でスムーズなスイングをしたいと願っています。

今田●極端なことを言えば、インパクトゾーンがスクエアになるならどんなスイングでもよいわけです。真っ直ぐに飛ばすことができるのですから。なので、僕はそれができるように、毎日必死に練習しているというわけです。

――我々アマチュアも体の動きだけでなく、ヘッドの動きにまで意識を働かせないといけないですね。ボールを打つのはヘッドなのですから。

今田●その通りですよね。アマチュアは腕をどう振るとか、体をどう回すとかには関心があるけど、ヘッドの動きには本当に無関心、というか無頓着ですよね。ヘッドの動きというのは凄く速いのでわからないからそうなってしまうのかもしれないけど、スイング中、どうなっているかを意識していくうちに、見えないものが見えてくる。わからないことが感覚的にわかってきます。そうなると、それだけでもの凄く上達します。

――確かにそうかもしれません。素振りをスローモーションでやるといいと言われていますけど、そのときに体の動きと共にヘッドの動きもチェックするといいかもしれませんね。

今田●今、言おうとしていたところです。それも超スローモーションがいいです。もの凄くゆっくりとスイングして、インパクトゾーンでフェースがスクエアになるようにする。そうすれば自ずと、どういうふうにダウンスイングしてフォローを出すかがわかる。そのためにはどんなバックスイングをしてトップを作って切り返すかがわかります。自然に自分だけのよいスイングになりますね。

――ただ、インパクトゾーンでヘッドをスクエアにしようとすると、ヘッドを走らせることを忘れてしまいそうです。

今田●それでは本末転倒です。大体において、アマチュアの皆さんはせっかく体を回転させてスイングしているのに、その力をヘッドに上手く伝えていないですよね。イメージで言えば、クラブを鞭のようにしならせて、その鞭の先でパチンと打つようにスイングしてもらいたいわけです。

これを覚えるには僕は濡れたタオルを振るのが一番だと思います。

——濡れタオルですか？

今田●そうそう。濡れタオルを鞭のように振るわけです。最初は右手だけでいいです。濡れて重たくなっているので、鞭のように振れたときはパチンと音がします。その音が出るように濡れタオルを振る。腕の使い方、手首の使い方がポイントになります。最後には上体の回転をつけて、両手で振るようにしてみてください。

——パチンと音がすればタオルの先が走っていることになりますね。トップでコックを溜めて一気にそれを解くといいですね。今田プロのスイング写真を見るとトップでコックを効かせて、切り返しのときにさらにコックをきつくする。それを一気にリリースして打っているのがわかります。

今田●そう。アマチュアにはトップからすぐにコックを解いて打ちにいってしまう人がいるけど、それではヘッドスピードも出ないし、軌道もアウトサイドインになって飛ばないスライスになってしまう。トップで作ったコックを打つときにもう一度コックするぐらいの気持ちが大事ですね。

——すぐに打ちにいきたくなってしまうんです。

今田●ボールは動きません。待ってくれていますので、もう一度コックしてから打ってみましょう。それだけでもスイングがプロっぽくなって飛びますよ。そうそう、それとこの濡れタオルの素振りでわかることは、ボールより先を速く振る感じで振ることが最も音が出るということです。つまりボールの先でヘッドスピードが最大になるように振って欲しいのです。

――アマチュアの中にはダウンスイングで力を使い切って、フォローが出ていない人が結構いますね。

今田●インパクトを強くしたいという気持ちがあるのでしょう。でも、実はそれでは飛ばない。ボールの先を打つぐらいの気持ちでスイングするとヘッドが走るようになります。

――スイングの通過点にボールがあるという感じで打つということですね。

今田●そうです。アマチュアの中にはボールがあるからそこに打つという人が多いですよね。もちろん、さっきも言ったように、インパクトでフェースをスクエアにすることは大事なのですが、スイングの中にボールがあるというイメージで振って欲しいのです。そうすればスムーズなスイングができるし、ヘッドも走るようになりますから。

――とにかく、アマチュアは力で飛ばそうとしますからね。

今田●飛ばしに腕力とか筋力といった力はほとんど必要ないです。というのも、身長170㎝の僕だって、180㎝の外国人と同じだけ飛ばせたりもします。300ヤード飛ばそうと思えばできる。効率のよいスイングと体の柔軟性があれば可能なんです。

――今田プロは'12年のソニーオープンの2日めに、ドライビングディスタンス計測ホールで300・2ヤードを記録していますよね。

今田●僕でも300ヤードオーバーができるのですから、アマチュアの皆さんはもっとスイングをよくして飛ばして欲しいです。力でなくスイングで飛ばす。それには腰や肩を深く回すことが何よりも大事なことです。僕は脇を深く回そうと思ってやっています。それだけでもいつもより飛びますよ。ボールに当てることばかり考えると、どうしても上体をしっかりと回転することが疎かになります。それが最もいけないことです。

――フェアウェイが狭くなると、そうしたスイングになってしまいます。

今田●これまで話したいろいろなことは練習場で行うこと。つまり、練習でスイングをよくしていくことです。コースに出たら、スイングのことは考えない。敢えて素振りで考えるとしたら、アドレスをしっかり作り、体を十分に回して、フォローで飛ばす。この3点だけです。他は一切考えない。

――今田プロもスイングのことを考えてしまうときは、調子が悪いと言っていましたよね。

今田●コースではホールの攻略だけを考える。つまり、スイングのことは何も考えないのが一番です。でも、そんなふうにショットが好調なときは1年を通じてもそうはありません。何かしら悩んでいる。でも、やはりそれをコースに持ち込んではいけない。持ち込むとしても1つか2つ。アマチュアの皆さんもそれを心して欲しいです。そうでないとせっかくのラウンドが楽しくなくなってしまいます。

――了解しました。アドレスをしっかり作り、体を十分に回して、フォローで飛ばす。その3点だけでプレーしてみます。

今田●アマチュアの皆さんはプロと違って、まだまだ飛ばせる余地がたくさん残っています。なので、飛ばしのコツをつかんで、自己最長飛距離をぜひ目指してください。

おわりに

この本、『ゴルフは寄せとパットから考える』は、僕がＰＧＡツアーに初めて優勝した翌年の'09年、初めてマスターズに出場したあとから開始された連載を1冊にまとめたものです。３回ずつの短期集中連載を3シリーズ行い、ようやく今年の'12年春に掲載された最終回まで９つのテーマが含まれています。

最初のシリーズは僕のゴルフの鍵となっているショートゲームです。ロブウェッジでのアプローチ、パッティングやバンカーショットについて語りました。次のシリーズはショットです。僕が考えるドライバーショットでの飛ばし術、フェアウェイウッドとユーティリティのショット、アイアンショットについて話しました。さらに3つ目のシリーズではコースマネジメントやグリップとアドレスといった基本、最後のまとめとしてスイング術をお話ししました。どの項目も皆さんの明日のゴルフの上達のお役に立てられたら光栄です。

僕が子供の頃から思い続けてきたＰＧＡツアーでのゴルフの夢はまだ道半ばです。念願の優勝は成し遂げましたが、まだ2勝目を果たせていません。全米オープンでは'06年に12位となりましたが、未だにメジャートーナメントで優勝争いができていません。これからも努力を続けて、2勝はおろか、多くの優勝を成し遂げたいですし、メジャーでも活躍したいと心底思っています。

小さな少年が大きな夢を描いてアメリカに渡り、その夢に向かって頑張っていますので、ぜひとも応援の程よろしくお願いいたします。アメリカは遠いですが、日本からの応援が何よりも心の支えとなります。よろしくお願いいたします。

またこの場を借りて、たくさんの人にお礼を述べたいと思います。まずは僕の奥さんの香苗に。いつも僕を支えてくれてありがとう。そして、僕のアメリカ行きを許してくれた父と母に。さらには僕のゴルフをいつも見てくれているリチャード・エイブルに。そしてPGAのプロたちに。これまで本当にありがとう。そして、これからもよろしくお願いいたします。

また、『書斎のゴルフ』の連載のときから、PGAツアーに同行し、僕の話を聞いてくれ、素晴らしい写真を撮ってくれている田辺安啓さん、その話をまとめてくださった『書斎のゴルフ』編集長の本條強さん、そして日本経済新聞出版社の白石賢さんにもお礼を述べさせていただきます。

今田竜二

2012年10月

本書は『書斎のゴルフ』の連載（２００９年７月号・10月号、２０１０年１月号・４月号・10月号、２０１１年１月号・10月号、２０１２年１月号・４月号）をまとめ、加筆、修正をし、新たに編集したものです。

今田竜二　いまだ・りゅうじ

プロゴルファー。1976年10月19日、広島県生まれ。14歳で単身渡米し、ハイスクールに通いながらゴルフアカデミーでゴルフ修行。2005年から念願のPGAツアーメンバーとなり、シード権を確保し続けている。08年、AT&Tクラシックで悲願の初優勝を成し遂げた。

『書斎のゴルフ』

読めば読むほど上手くなる教養ゴルフ誌。日本経済新聞出版社刊行（季刊、一・四・七・一〇月発売）

日経プレミアシリーズ｜165

ゴルフは寄《よ》せとパットから考《かんが》える

二〇一二年一一月八日　一刷

著者　今田竜二

構成　『書斎のゴルフ』編集部

発行者　斎田久夫

発行所　日本経済新聞出版社
http://www.nikkeibook.com/
東京都千代田区大手町一―三―七　〒一〇〇―八〇六六
電話（〇三）三二七〇―〇二五一（代）

装幀　ベターデイズ

印刷・製本　凸版印刷株式会社

ISBN 978-4-532-26165-8　Printed in Japan

日経プレミアシリーズ168

トップアマだけが知っているゴルフ上達の本当のところ

本條強

「最初に考えるのは9番で転がすこと」「スピンをかけない打ち方こそ確実」「〝基本〟はアマチュアのためにある最大の上達法だ」――。アベレージゴルファーが90切り、シングル入りを目指すなら、プロよりもトップアマから学ぶのがベスト。日本ミッドアマ、シニア、女子アマなどアマチュアゴルファーの頂点に立った9人が、そのゴルフ人生で培った熟練の技、独自の練習法を公開する。

日経プレミアシリーズ124

中部銀次郎のゴルフ哲学

三好徹

アマチュアにとっての最善のアプローチやパットとは何か、飛距離に依存しないオールドマンパーのゴルフとは――。日本アマ6勝、アマチュアゴルフ界の至宝と呼ばれた中部銀次郎と幾度もラウンドを重ねた作家・三好徹が、中部ゴルフの真髄を振り返る。

日経プレミアシリーズ156

ロジカルゴルフ　スコアアップの方程式

尾林弘太郎

なかなか90を切れない停滞ゴルファーと、安定して80台～70台で回る上級ゴルファーの違いとは何か？　それはいつも最高の結果をイメージしてゴルフをするのか、最悪の結果を考えて危機回避に徹するのか、といった「考え方」の違いによるもの。「書斎のゴルフ」で好評連載中、尾林弘太郎レッスンプロの「考えるゴルフ」を初公開。